GTB
Gütersloher Taschenbücher
1563

Dietrich Steinwede,

geboren 1930, war Dozent für Religionspädagogik
am Pädagogisch-Theologischen Institut der
Rheinischen Kirche in Bonn-Bad Godesberg.

Stille, scheinheilige Nacht

Satirisch-Besinnliches zur Weihnachtszeit

Herausgegeben von Dietrich Steinwede

Gütersloher Verlagshaus

Originalausgabe

Die Deutsche Bibliothek - CIP-Einheitsaufnahme

Stille, scheinheilige Nacht: Satirisch-Besinnliches zur Weihnachtszeit /
hrsg. von Dietrich Steinwede. –
Gütersloh: Gütersloher Verl.-Haus, 2000
(Gütersloher Taschenbücher; 1563)
ISBN 3-579-01563-X

ISBN 3-579-01563-X
© Gütersloher Verlagshaus, Gütersloh 2000

Umschlagmotiv: Michael Ammann, © Baaske Cartoons, München.
Satz: Weserdruckerei Rolf Oesselmann GmbH, Stolzenau
Druck und Bindung: Clausen & Bosse, Leck
Gedruckt auf chlorfrei gebleichtem Werkdruckpapier
Printed in Germany

Inhalt

Vorwort 9

Weihnachtsmänner

advent
Manfred Hausin **12**
Brief eines Mandarins des 10. Jahrhunderts
aus dem heutigen weihnachtlichen München
Herbert Rosendorfer **13**
Himmlische Nothilfe
Kurt Tucholsky **17**

Und den Menschen ein Unbehagen

Mitten im kalten Winter
Uwe Timm **20**
Großstadt-Weihnachten
Kurt Tucholsky **21**
Die Bescherung
Hanns Dieter Hüsch **22**

Stille, scheinheilige Nacht

Aufklärung über Weihnachten
Klaus von Mering **26**

Heiliger Abend
Susanne Kilian **32**

Das Christkind

Feiertage
Hanns Dieter Hüsch **34**
Christkind
Adolf Holl **36**
Travniceks Weihnachtseinkäufe
Helmut Qualtinger **40**

Wo nehmen wir den Frieden her?

Kommt Frieden auf den Glockenschlag?
Karl Krolow **44**
Notizen beim Schreiben der Weihnachtspredigt
Rudolf Otto Wiemer **45**
Bekümmertes Weihnachtslied
Lothar Zenetti **47**
Weihnacht
Günter Kunert **48**

Dem Revolutionär Jesus zum Geburtstag

Welch umstürzlerischer Gott
Manfred Haustein **49**
Dem Revolutionär Jesus zum Geburtstag
Erich Kästner **50**

An der Endstation

Einsiedlers Heiliger Abend
Joachim Ringelnatz **51**

Weihnachtslied, chemisch gereinigt
Erich Kästner **53**

Alle Jahre wieder
Agnes Hüfner **54**

Weihnachten der Obdachlosen
Michael, Stadtstreicher, Justizvollzugsanstalt Kaisheim **54**

Im Bahnhof
Vilmar Sturm **57**

Moritat vom Stadtstreicher Rackebrand
Rudolf Otto Wiemer **60**

So grausam kann Gott nicht sein

An der Stalltür
Josef Reding **63**

Weihnacht
Friedrich Dürrenmatt **65**

Nachrichten aus Betlehem
Rudolf Otto Wiemer **66**

Der Gewinn
Margret Steenfatt **68**

Warum ich als Nichtchrist Weihnachten feiere

Ich bin ratlos
Gudrun Pausewang **72**

Warum ich als Nichtchrist Weihnachten feiere
Gerhard Szczesny **76**

Um wieviel ärmer wären wir

Fürchte dich nicht
Dorothee Sölle **80**

Entgegnung
Eduard C. Heinisch **81**

Kassiber
Kurtmartin Magiera **82**

Ein Schuh
Luigi Santucci (übersetzt von Eckart Peterich) **84**

Bänkellied zu Weihnachten
Rudolf Otto Wiemer **92**

Signal
Richard Münch **93**

Quellenverzeichnis **95**

Vorwort

Weihnachtstexte und Weihnachtscartoons zum Nachdenken und zum Schmunzeln finden sich in diesem Buch, aber auch harte und bissige Beispiele. Die ›sentimentale Vordergründigkeit des Konsumspektakels um das Kind im lockigen Haar‹ wird ebenso gegeißelt und aufgespießt wie die materielle Völlerei am Heiligen Abend. Manchmal mit scharfem kritischen Blick, manchmal spöttisch lächelnd. Nie jedoch zu Unrecht.

Da ist Anklage. Da ist Sozialkritik. Da ist Dunkelheit, Blindheit. Da ist das armselige Weihnachten der outlaws, der Stadtstreicher. Da ist das Weihnachten der Einsamen, der Trinker. Da ist Verlorenheit, die betroffen macht. ›Schöne Weihnacht‹ = ›schön warm, schön satt‹ wünscht sich das Stadtstreicher-Kind. Und das Christkind, diese Illusionsfigur – das von der Ostererfahrung des lebendigen Christus her gesehene Christus-Kind des Lukas ist etwas ganz anderes – ist bei Dürrenmatt plötzlich aus Marzipan – man kann den Kopf abbeißen.

»Die Christen werden nicht gescheit, am wenigsten die Christenheit«, klagt Erich Kästner.

Eine irre Welt. Eine Welt, die den Frieden nicht finden kann. Endstation für Weihnachten? Betlehem vernichtet? Da schleudern Neonazis einen Brandsatz in den Stall mit der heiligen Familie. Und KZ-Wärter vergewaltigen am Abend der Abende eine Frau zu Tode. Wohin mit dieser Welt?

Fragen, die nicht beantwortet werden können. Und doch ist da plötzlich eine ganz andere Frage. Bohrend wird sie von Manfred Haustein gestellt: »Welch umstürzlerischer Gott – ihr aber habt ein Ei-apopeia daraus gemacht!«

Wir also sind es, die das Fest korrumpieren. Aber sind wir es nicht auch, die dem Fest wieder einen neuen Sinn verleihen, ihm seinen alten Sinn zurückgeben können? Die der Welt zeigen können, daß die Geburt des Jesuskindes bis heute wirksam ist, Umsturz bedeutet, Umkehrung aller Verhältnisse?

Plötzlich ist sie da, diese fast absurde, unglaubliche, alles, auch den letzten Schuh verschenkende Liebe (Luigi Santucci, ›Ein Schuh‹). Wir können anders. Auch in einer von christlichen Konventionen weithin zugeschütteten Welt. Trägheit des Denkens, Zerstreuung, gelangweilter Spott lassen sich überwinden. Sie muß nicht schein-heilig sein, diese Nacht.

»Meinetwegen nennt es ›Stern von Betlehem‹«, sagt Gudrun Pau-sewang: »Ich werde dies Licht nie erreichen. Aber ich kann darauf zugehen.« Und Richard Münch, wahrlich nicht als Christ verdäch-tig, sagt sich und uns: »Um wieviel ärmer wäre die Welt ohne die Weihnacht, ohne die Botschaft, die frohe, und ohne die Hoffnung, die Menschen bewegt seit Jahrtausenden.«

Wer will ihn uns nehmen, den universalen Zauber des Festes – wer? Skepsis, Kritik in Fülle ist in diesem Buch zu finden, aber eben auch das andere, die unauslöschliche Gewißheit, daß dem (wenn auch weithin vordergründig) meistgefeierten Fest dieses Planeten ein tiefer Sinn zugrundeliegt: ›Gott will im Dunkel wohnen‹ – im Dreck der Lieblosigkeit, der Rücksichtslosigkeit, der Gottesferne.

Gut vorlesen läßt sich aus diesem Buch – zum Schmunzeln, zum Aufhorchen, zum ernsthaften Nachdenken. In Adventsfeiern. Un-ter dem Baum am heiligen Abend. Überall dort, wo Menschen sich treffen, die mehr wollen von Weihnachten als nur Kekse und Ker-zen.

Dietrich Steinwede

Weihnachtsmänner

advent

der lange zug
sattsam bekannter
weihnachtsmänner
hat sich formiert

er marschiert
auf den 24. zu
das alte lied
auf den lippen

einige tragen
ruten und kutten
wie leute
vom ku-klux-klan

es soll noch kinder geben
die nicht gehorchen
wenn weihnachtsmänner singen
ihr kinderlein kommet

Manfred Hausin

Brief eines Mandarin des 10. Jahrhunderts aus dem heutigen
weihnachtlichen München

Mittwoch, 15. Dezember

Teurer Dji-gu!

Heute haben wir hier den letzten Herbstneumond. Wie immer verschwenden die Großnasen keinen Gedanken daran. (Übrigens sind – oder muß ich besser sagen: waren? – auch Kleiner Frau Chung die alten Riten völlig fremd; sie lebt nach der Sitte der Großnasen.) Dafür aber herrscht jetzt in der Stadt mehr Betriebsamkeit als gewöhnlich. Für die Großnasen gilt dieser Monat als Besonderheit, denn sie glauben, daß jener Gott, den sie verehren, an einem bestimmten Tag am Ende dieses Monats – kurz vor ihrem Neujahrsfest – geboren worden sei. Herr Shi-shmi, bei dem ich wieder zu Besuch war, weil vor einigen Tagen dort die Himmlische Vierheit musizierte, erklärte es mir: die Zeit vor dem Fest, an dem die Erinnerung an die Geburt ihres Gottes gefeiert wird, heißt »Ankunft« und dient zur Sammlung der Gedanken, wird auch gern von allerlei Leuten in der Fern-Blick-Maschine »die stille Zeit« genannt. Es ist ein Hohn, denn nie im ganzen Jahr bisher war ein solcher Tumult auf der Straße wie eben jetzt. (Da fällt mir auf: Habe ich Dir von der Fern-Blick-Maschine geschrieben? Ich glaube nicht. Ich verliere etwas den Überblick darüber, wovon ich Dir schon erzählt habe und wovon nicht. Die Fern-Blick-Maschine ist eine der wichtigsten Gegenstände der Großnasen. Es ist eine grobe Unterlassung, wenn ich sie bisher nicht erwähnt habe. Ich werde das nachholen). Es ist üblich, sagte mir Herr Shi-shmi, daß man anläßlich des Gottes-Geburtsfestes, das auch »die Heilige Nacht« genannt wird, seinen Verwandten oder Freunden etwas schenkt. Es ist nicht nur üblich, es ist förmlich ein Zwang. Der Sohn schenkt den Eltern, die Eltern den Kindern, die Schwester dem Bruder, Onkel, Tante, aber auch Schwägern und Cousinen, selbst Nachbarn, Kollegen und Geschäftsfreunden wird geschenkt, die Untergebenen schenken dem Vorgesetzten, alle beschenken sich, ob sie sich leiden können oder nicht. Herr Shi-shmi stöhnt schon bei dem Gedanken, daß er ja rechtzeitig alle Geschenke beisammen hat. Seit Anfang des Monats sind die Großnasen in einem einzigen Rennen begriffen und jagen nach den unsäglichsten Dingen, die sie einander schenken könnten. Die Kaufleute reiben sich natürlich die Hände. Wenn alle ihre Geschenke selber behalten würden, sagt Herr Shi-shmi, gäbe es das ganze Gewürge nicht und es hätte noch den Vorteil, daß man weiß, was man hat, denn in der Regel bekommt man unnötige, überflüssige und unschöne Dinge geschenkt, die man nicht wegwerfen darf, weil sonst der Schenkende beleidigt wäre, und auch nur unter Aufbietung größter Vorsicht und in gebührendem Abstand von einigen Jahren weiterschenken darf. Die Geschenke werden auf den Schlag am Abend des 24. Tages dieses Monats ausgetauscht. Das Schlimmste, was einem passieren kann, ist, daß man von jemandem etwas geschenkt bekommt, dem man seinerseits – entweder, man hat es für unnötig befunden oder gar vergessen – nichts geschenkt hat. Da die Geschenke auf einen Schlag ausgetauscht werden, ist dieser Fehler irreparabel, und der betreffende vergeßliche oder nachlässige Beschenkte muß ein Jahr lang den Kopf einziehen und darf sich bei dem anderen nicht blicken lassen.

So zermartern sich die Großnasen die Köpfe, daß sie ja keinen noch so entfernten Stief-Onkel vergessen, und ich sehe Männer wie Weiber wie von Dämonen gepeitscht durch die schneenassen und eisverkrusteten Straßen hecheln, mit großen und kleinen Paketen bis über den Kopf beladen, die sie aus den Läden – wo sie sich hoch verschulden – nachhause schleppen, um sie dort zu horten und am 24. Tag gegenseitig auszutauschen. Oft rutschen sie aus auf dem Eis. Ich beobachte das gern aus meinem Fenster des Hong-tel, das auf eine Straße hinausgeht, in der viele Läden sind. Es reißt ihnen die Beine in die Luft, die Pakete fliegen den anderen um die Köpfe. Manche Pakete rollen auf die Fahrbahn, wo die A-tao-Wägen darüberrollen. Achtlos steigen die anderen gehetzten Großnasen über die Gestürzten hinweg, die verzweifelt versuchen, ihre Pakete wieder einzusammeln.

Das nennen die Großnasen »die stille Zeit«. So feiern sie die Ankunft ihres Gottes. Der wird eine Freude haben. Ich fürchte übrigens, daß ich auch, obwohl so denkbar fernstehend, in den Strudel des Geschenkaustausches hineingezogen werde. Wenn ich einige Andeutungen von Herrn Shi-shmi richtig verstanden habe, so bereitet er meuchlings ein Geschenk für mich vor. Und so werde auch ich nicht umhinkönnen, ihm etwas zu schenken.

Aber das alles war nicht das, was ich mir für diesen Brief zu berichten vorgenommen habe. Nicht nur in den Straßen, an den Wänden der Häuser und in den Fenstern der Läden sind strahlende Sterne und alle möglichen anderen Symbole (Tannenzweige, in merkwürdigen Wiegen liegende Kinder, immer paarweise je ein Ochse und ein Esel), die die Großnasen mit ihrem Erinnerungsfest verbinden, aufgehängt und ausgestellt – hauptsächlich aber natürlich, um die Kauflust noch mehr anzuregen –, vor allem in der Fern-Blick-Maschine wird dauernd von der kommenden »Heiligen Nacht« geredet, die dabei nicht ungern als »Fest des Friedens« apostrophiert wird. Ich habe mich erkundigt: in der Tat herrscht Frieden vom 24. Tag des Monats mittags bis zum 27. Tag des Monats in der Früh. Aber nur deswegen, weil das Feiertage und alle Läden und Behörden geschlossen sind und in den Schmieden nicht gearbeitet wird. Die Leute sind damit beschäftigt, ihre Geschenke auszupacken, zu betrachten und sich über deren Nutzlosigkeit zu ärgern. Tatsächlich ruhen auch die Prozesse vor Gericht in der Zeit, aber nur, weil die Richter nicht in ihr Amt gehen. Ob auch eventuelle Kriege ruhen? habe ich Herrn Shi-shmi gefragt. Nein, hat er gesagt, es habe noch nie einen Feldherrn gegeben, der wegen dieses »Festes des Friedens« einen Feldzug unterbrochen habe. Im letzten Krieg, der noch nicht so lange her ist und den Herr Shi-shmi als Kind erlebt hat, habe man widersinnigerweise sogar von den »Kriegs-Festen des Friedens« gesprochen. Verstehe die Großnasen, wer will. Die Verwirrung der Begriffe bei ihnen ist unausrottbar.

In den Tagen des »Festes des Friedens« fallen die häufigsten Selbstmorde vor, Familienväter erschlagen ihre Frauen (oder gelegentlich umgekehrt), Kinder werden ausgesetzt, und Greise verhungern. Das komme daher, meint Herr Shi-shmi, daß die Wohnungen zu klein sind. Die Leute ertragen es nicht, in den kleinen und niedrigen Wohnungen drei Tage lang so aneinandergepreßt zu leben. Sie ertragen es nicht, daher gibt es häufig Streit. Er selber, Herr Shi-shmi, könne sich nicht erinnern, daß in seiner väterlichen Familie jemals im Jahr so gestritten worden sei wie immer in den Tagen des »Festes des Friedens«. Einmal sei sein Vater für einige Zeit davongelaufen, weil seine Mutter ihm eine gebratene Gans an den Kopf geworfen habe, nachdem der Vater viele Stunden lang über nichts geredet habe, als daß jene Gans zu scharf gebraten sei.

Herbert Rosendorfer

»Wat denn? Wat denn? Zwei Weihnachtsmänner?«

»Machen Sie hier nich sonen Krach, Siiie! Is hier vier Tage im Hümmel, als Hilfsengel – und riskiert hier schon ne Lippe.«

»Verzeihen Sie, Herr Oberengel. Aber man wird doch noch fragen dürfen?«

»Dann fragen Sie leise. Sie sehn doch, daß die beiden Herren zu tun haben. Sie packen.«

»Ja, das sehe ich. Aber wenn Herr Oberengel gütigst verzeihen wollen: wieso zwei? Wir hatten auf Schule jelernt: et jibt einen Weihnachtsmann und fertig.«

»Einen Weihnachtsmann und fertig ...! Einen Weihnachtsmann und fertig ...! Diese Berliner! So ist das hier nicht! Das sind ambivalente Weihnachtsmänner!«

»Büttaschön?«

»Ambi ... ach so, Fremdwörter verstehen Sie nicht. Ich wer Sie mal für vierzehn Tage rüber in den Soziologenhimmel versetzen – halt, oder noch besser, zu den Kunsthistorikern ... da wern Sie schon ... Ja, dies sind also ... diese Weihnachtsmänner – das hat der liebe Gott in diesem Jahr frisch eingerichtet. Sie ergänzen sich, sie heben sich gegenseitig auf ...«

»Wat hehm die sich jejenseitich auf? Die Pakete?«

»Wissen Sie ... da sagen die Leute immer, ihr Berliner wärt so furchtbar schlau – aber Ihre Frau Mama ist zwecks Ihrer Geburt mit Ihnen wohl in die Vororte gefahren ...! Die Weihnachtsmänner sind doppelseitig – das wird er wieder nicht richtig verstehen – die Weihnachtsmänner sind polare Gegensätze.«

»Aha. Wejen die Kälte.«

»Himmel ... wo ist denn der Fluch-Napf ...! Also ich werde Ihnen das erklären! Jetzt passen Sie gut auf: Die Leute beten doch allerhand und wünschen sich zu Weihnachten so allerhand. Daraufhin hat der liebe Gott mit uns Engeln sowie auch mit den zuständigen Heiligen beraten: Wenn man das den Leuten alles erfüllt, dann gibt es ein Malheur. Immer. Denn was wünschen sie sich? Sie wünschen sich grade in der letzten Zeit so verd ... so vorwiegend radikale Sachen. Einer will das Hakenkreuz. Einer will Diktatur. Einer will Diktatur mitm kleinen Schuß; einer will Demokratie mit Schlafsofa; eine will einen Hausfreund; eine will eine häusliche Freundin ... ein Reich will noch mehr Grenzen; ein Land will überhaupt keine Grenzen mehr; ein Kontinent will alle Kriegsschulden bezahlen, einer will ...«

»Ich weiß schon. Ich jehöre zu den andern.«

»Unterbrechen Sie nicht. Kurz und gut: das kann man so nicht erfüllen. Erfüllt man aber nicht ...«

»Ich weiß schon. Dann besetzen sie die Ruhr.«

»Sie sollen mich nicht immer unterbrechen! Erfüllen wir nicht – also: erfüllt der liebe Gott nicht, dann sind die Leute auch nicht zufrieden und kündigen das Abonnement. Was tun?«

»Eine Konferenz einberufen. Ein Exposé schreiben. Mal telefonieren. Den Sozius ...«

»Wir sind hier nicht in Berlin, Herr! Wir sind im Himmel. Und eben wegen dieser dargestellten Umstände haben wir jetzt zwei Weihnachtsmänner!«

»Und ... was machen die?«

»Weihnachtsmann A erfüllt den Wunsch. Weihnachtsmann B bringt das Gegenteil. Zum Exempel:
Onkel Baldrian wünscht sich zu Weihnachten gute Gesundheit. Wird geliefert. Damit die Ärzte aber nicht verhungern, passen wir gut auf: Professor Dr. Speculus will auch leben. Also kriegt er seinen Wunsch erfüllt, und der reiche Onkel Baldrian ist jetzt mächtig gesund, hat eine eingebildete Krankheit und zahlt den Professor. Oder:
Die Nazis wünschen sich einen großen Führer. Kriegen sie: ein Hitlerbild. Der Gegenteil-Weihnachtsmann bringt dann das Gegenteil: Hitler selber.
Herr Merkantini möchte sich reich verheiraten. Bewilligt. Damit aber die Gefühle nicht rosten, bringt ihm der andere Weihnachts-

18

mann eine prima Freundin. Oder: Weihnachtsmann A bringt dem deutschen Volke den gesunden Menschenverstand – Weihnachtsmann B die Presse. Weihnachtsmann A gab Italien die schöne Natur – Weihnachtsmann B: Mussolini. Ein Dichter wünscht sich gute Kritiken: kriegt er. Dafür kauft kein Aas sein Buch mehr. Die deutsche Regierung wünscht Sparmaßnahmen – schicken wir. Der andere Weihnachtsmann bringt dann einen kleinen Panzerkreuzer mit.

Sehn Sie – auf diese Weise kriegt jeder sein Teil. Haben Sie das nun verstanden?«

»Allemal. Da möchte ich denn auch einen kleinen Wunsch äußern. Ich möchte gern im Himmel bleiben und alle Nachmittag von 4 bis 6 in der Hölle Bridge spielen.«

»Tragen Sie sich in das Wunschbuch der Herren ein. Aber stören Sie sie nicht beim Packen – die Sache eilt.«

»Und ... verzeihen Sie ... wie machen Sie das mit der Börse?«

»So viel Weihnachtsmänner gibt es nicht, Herr – so viel Weihnachtsmänner gibt's gar nicht –!«

Kurt Tucholsky

Und den Menschen ein Unbehagen

Mitten im kalten Winter

wenn die langen Samstage kommen
wenn alle Wirtschaftszweige aufblühen
wenn die Arbeitsämter Weihnachtsmänner vermitteln
wenn allen Präsidenten der Friede am Herzen liegt
wenn zur inneren Einkehr durch Lautsprecher
aufgerufen wird
wenn der Stern von Betlehem
über den Geschäften leuchtet
dann endlich
steht das Christkind vor der Tür

Uwe Timm

Großstadt-Weihnachten

Nun senkt sich wieder auf die heim'schen Fluren
die Weihenacht! die Weihenacht!
Was die Mamas bepackt nach Hause fuhren,
wir kriegens jetzo freundlich dargebracht.

Der Asphalt glitscht. Kann Emil das gebrauchen?
Die Braut kramt schämig in dem Portemonnaie.
Sie schenkt ihm, teils zum Schmuck und teils zum Rauchen,
den Aschenbecher aus Emalch glasé.

Das Christkind kommt! Wir jungen Leute lauschen
auf einem stillen heiligen Grammophon.
Das Christkind kommt und ist bereit zu tauschen
den Schlips, die Puppe und das Lexikohn.

Und sitzt der wackre Bürger bei den Seinen,
voll Karpfen, still im Stuhl, um halber zehn,
dann ist er mit sich selbst zufrieden und im reinen:
»Ach ja, son Christfest is doch ooch janz scheen!«

Und frohgelaunt spricht er vom »Weihnachtswetter«,
mag es nun regnen oder mag es schnein.
Jovial und schmauchend liest er seine Morgenblätter,
die trächtig sind von süßen Plauderein.

So trifft denn nur auf eitel Glück hienieden
in dieser Residenz Christkindleins Flug?
Mein Gott, sie mimen eben Weihnachtsfrieden ...
»Wir spielen alle. Wer es weiß, ist klug.«

Kurt Tucholsky

Die Bescherung

Daß mir keiner ins Schlafzimmer kommt! Alle Jahre wieder ertönt dieser obligatorische Imperativ aus dem Munde meiner Frieda, wenn es darum geht, am Heiligen Abend Pakete und Päckchen in geschmackvolles Weihnachtspapier zu schlagen, wenn es darum geht, den Rest der Familie in Schach zu halten, damit auch ja keiner einen voreiligen Blick auf die Geschenke werfen kann.

Ich dagegen habe es etwas einfacher: Ich schmücke den Baum! Punkt 17.00 Uhr begebe ich mich auf die Veranda und hole den schönen Baum herein.

Es ist wirklich ein schöner Baum, sagt die Frieda.

Doch, sage ich, der Baum ist schön.

Dann kommt die kleinere Frieda auch noch und sagt, daß der Baum schön ist. – Und nachdem wir alle noch ein paarmal um den schönen Baum herumgegangen sind, sagt die Frieda: Mein Gott! Es ist ja schon halb sechs!

Und damit beginnt offiziell in allen Familien, die sich bei diesem Fest noch bürgerlicher Geheimnistuerei bedienen, der nervöse Teil der Bescherung.

Deshalb stecke ich mir vorbeugend – einmal im Jahr – zunächst mal eine Zigarre an und überlege in aller Ruhe, welche formalen Prinzipien ich dieses Mal zur Ausschmückung des schönen Baumes anwende.

Habe ich dann den Baum nach einigen Schnitzereien mit einem Sägemesser glücklich in den Christbaumständer gezwängt, weiß ich auch schon, wie ich's mache:

Dieses Mal werde ich endlich dem Prinzip huldigen: Je schlichter, desto vornehmer! Zwei, drei Kugeln, vier bis fünf Kerzen, hie und da einen Silberfaden, aus! Schließlich ist das ja ein Baum und keine Hollywoodschaukel.

Das soll natürlich nicht heißen, daß wir nicht genug Kugeln und Kerzen, Lametta und Engelshaar, Glöckchen und Trompetchen hätten. Im Gegenteil. Ich könnte damit drei Bäume, Pardon, drei schöne Bäume schmücken.

Und schon erhebt sich die Frage: Nur bunte Kugeln oder nur silberne? Nur weiße Kerzen oder nur rote? Engelshaar oder kein Engelshaar? Ja, was sollen meine intellektuellen Freunde denken, wenn die am 2. Feiertag zu Besuch kommen und sehen dann meinen Mischmasch aus Sentimentalität und Kunstgewerbe. In diese meine präzisen ästhetischen Überlegungen hinein platzt die Frieda mit dem Ruf: Wie weit bist du? Um sechs Uhr ist Bescherung!

Das schaffe ich nicht, rufe ich zurück, ich kann ja den Baum nicht übers Knie brechen.

Wir haben zu Hause, sagt die Frieda, immer um sechs Uhr die Bescherung gehabt.

Wir haben die Bescherung, sage ich, immer um halb acht gehabt.

Wir haben sie um sechs gehabt, sagt die Frieda.

Um sechs Uhr schon Bescherung, sage ich, warum dann nicht schon gleich um vier oder im Oktober. Wir haben die Bescherung immer um halb acht gehabt, manche Leute haben ja die Bescherung erst am anderen Morgen.

Und wann sollen wir essen, fragt die Frieda.

Nach der Bescherung, sage ich.

Also um 9.00 Uhr, sagt die Frieda, bis dahin sind wir ja verhungert. Wer hat übrigens das Marzipan gegessen, das hier auf der Truhe lag?

Ich nicht, ruft die kleinere Frieda aus der Küche.

Also, sagt die Frieda, also, wenn du jetzt nicht den Baum in einer Viertelstunde fertig hast, dann könnt ihr euch eure Bescherung sonstwo hinstecken!

Vielleicht fängt schon mal einer an zu singen, sage ich, desto leichter geht mir der Baum von der Hand. Und alle ästhetischen Überlegungen nun über den Haufen werfend, überschütte ich den schönen Baum mit allem, was wir haben, so daß man schließlich vor lauter Glanz und Gloria keinen Baum mehr sieht, und die

Frieda kommt herein und sagt: Nun hast du's ja doch wieder so gemacht wie im vorigen Jahr, das nächste Mal schmücke ich den Baum!

Ja, sage ich, wenn ihr mir keine Zeit laßt, dann kann natürlich kein Kunstwerk entstehen.

Nun steh hier mal nicht im Weg, sagt die Frieda, geh jetzt mal raus, ich muß nämlich jetzt hier die Geschenke packen und aufbauen!

Ja, wo soll ich denn hingehen, frage ich, darf ich vielleicht ins Wohnzimmer?

Nun, ruft da meine Schwägerin, die inzwischen eingetrudelt ist, daß mir keiner ins Wohnzimmer kommt, ich bin noch nicht fertig. Und in die Küche darf ich auch nicht, da bastelt nämlich die Frieda noch an diesen entzückenden Kringelschleifchen für jedes Päckchen herum.

Die Frieda kommt aus dem Christbaumzimmer und sagt: Augen zu! Ich halte mir die Augen zu und sage: Ins Bad nur über meine Leiche, da hab ich nämlich meine Geschenke versteckt!

Und so geht das die ganze nächste halbe Stunde: Dreh dich mal um, guck nur nicht unter den Teppich, wer hat den Schlüssel vom Kleiderschrank, ich brauche noch geschmackvolles Weihnachtspapier, der Klebestreifen ist alle, willst du wohl von der Tür da weggehen, such lieber mal die Streichhölzer, meine Mutter hat das alles alleine gemacht, das ist gemein, du hast geguckt, die paar Minuten wirste wohl noch warten können.

Bis es dann endlich soweit ist, aber selbst dann kommt bei uns keine Ordnung zustande, dann heißt es nämlich: Wer packt zuerst aus? Du! Nein, ich nicht, zuerst das Kind, dann du. Nein, du dann. Wieso ich? Also, dann du und dann ich. Ich zuletzt, bitte.

Nun werden Sie vielleicht fragen, mit Recht fragen:

Wird denn bei Ihnen gar nicht gesungen, wird denn bei Ihnen nur eingepackt und ausgepackt?

Doch, doch natürlich eine Strophe wird schon gesungen, aber dann fällt das Singen meist auseinander. Aber, wissen Sie, beim

Einpacken und Auspacken, da sind wir alle so nervös und verlegen, dabei merkt man die Liebe und den Frieden und den Menschen ein Wohlgefallen viel stärker als beim Singen. Und auch der Baum, der kann dann sein, wie er will, groß oder klein, dürr oder dicht, bunt oder schlicht, die Frieda sagt dann jedesmal – auch dieses Mal wieder –: Also, der Baum ... also, der Baum ... der Baum ist wunderschön!!!

Hanns Dieter Hüsch

Stille, scheinheilige Nacht

Aufklärung über Weihnachten

Charlotte!

Hm?

Möchtest du ... also, ich finde, du bist jetzt groß genug ... ich meine ...

Du redest, als ob du mir wieder irgend so was mit Sex erklären möchtest oder so.

Wie bitte? Wie kommst du denn auf den Unfug?

Das ist kein »Unfug«. Herr Storch sagt, wer zu so'nen Sachen »Unfug« sagt, ist eingeklemmt.

Was für »Sachen« denn? Und wer ist Herr Storch, bitte schön?

Aber Papa, nie weißt du was! Dabei haben wir schon seit über einem Jahr bei dem Sexualkunde: über Küssen und Kinderkriegen und so was.

Danke, danke! Wenn in meiner Jugend der Storch auch noch die Kinder brachte und nicht der Sex, so bin ich doch nicht von Dummsdorf. Dann hat dein verehrter Herr Lehrer aber bestimmt »verklemmt« gesagt, oder?

Kann sein! Aber mein Verehrter ist der nicht, Papa, bestimmt nicht. Der ist nämlich meistens ziemlich doof.

Hm, lassen wir das. Ich wollte ja mit dir eigentlich auch nicht über die Schule reden, sondern über Weihnachten.

Was? Über Weihnachten? Und warum redest du dann so komisch rum?

Ich rede überhaupt nicht »rum«, du bist es, die dauernd vom Thema abkommt. Also: Möchtest du dieses Jahr dem Weihnachtsmann einmal helfen, den Christbaum zu schmücken?

Sag bloß, ihr habt dafür immer einen Weihnachtsmann geholt! Konntest du das nicht allein?

Vielleicht hat Mama doch recht, und es wäre besser, noch ein Jahr zu warten.

Und noch mal Geld für 'nen Weihnachtsmann ausgeben? Nee, Papa, da kannst du mir lieber das pac-man-Spiel kaufen, das wünsch ich mir schon so lange!

Kaufen, kaufen! Ich glaube, du weißt gar nicht, wie teuer dieses Computerzeug ist. In meiner Jugend ...

Weiß ich, da gab's wollene Socken von Oma und von Tante Lissy eine Apfelsine. Das hast du mir schon hundertmal erzählt. Aber viel geholfen hat's nicht, wie man sieht!

Du meinst, weil du immer noch den Weihnachtsmann holen mußt?

Nein, zum Donnerwetter, sondern weil du immer nur ans Kaufen denkst.

Meinst du, Tante Lissy hat die Apfelsinen selber gemacht?

Unsinn! Aber meine Mutter die Socken, das weiß ich genau. Ich seh mich noch, wie ich ihr immer die Wolle halten mußte – so! Da waren deine Arme aber ganz schön steif, wenn Oma einen Socken fertig hatte, was?

Wieso? Ach nein, wo denkst du hin: Ich hielt die Wolle doch nicht zum Stricken, sondern nur zum Aufwickeln. Aber das kennt ihr eben alles nicht mehr: diese stillen Abende im Advent ...

Habt ihr denn damals nur Weihnachten Fernsehen geguckt?

Fernsehen? So was gab's noch gar nicht, jedenfalls nicht bei uns. Wir haben uns unterhalten!

Aber dann war's doch nicht still! Du sagst doch immer, ich soll still sein, wenn du fernsehen willst.

Ich meine doch eine ganz andere Stille, eine, die von innen kommt.

Und bei der darf man reden?

Das gehört sogar dazu. Und singen – was haben wir gesungen damals ...

Was denn?

Wie? Was? Na, Weihnachtslieder, ist doch klar!

Und warum fragst du mich dann? Oder hattest du's bloß vergessen, weil's schon so lange her ist?

Ja, das ist wirklich schon lange her. Warum tun wir das eigentlich nicht, so miteinander singen?

Weil – entweder ist der Fernseher an oder du bist nicht da!

Na, nun mach uns mal nicht schlechter, als wir sind. Außerdem hat das Fernsehgerät da unten einen Knopf ...

Schon: aber – du singst ja nicht gerade schön, Papa!

Woher willst du das wissen, du Frechdachs?

Na also neulich, als du vom Kegeln heimkamst ...

Ach das! Da war's ja auch schon spät; und mein Charlottchen hat schon ganz fest geschlafen.

Geschlafen? Bei dem Krach?

Nun tu dir mal nicht leid! Ich habe deinetwegen bestimmt öfter meinen Schlaf unterbrechen müssen. Wenn ich so zurückdenke ... Aber ich wollte doch ganz was anderes sagen ...

Von Weihnachtsgeschenken!?

Ja! Nein! Das heißt ... also, paß mal auf: Weißt du, was Weihnachten ist?

Ein Fest!

Ja, aber was für eins? Ich meine, warum feiern wir Weihnachten?

Weil Weihnachten ist.

Eben nicht! Das ist ja das Elend!

Wieso? Ist Weihnachten gar nicht Weihnachten?

Doch, natürlich! Das heißt, ich wünschte mir, daß es das wäre.

Und warum willst du dann nicht feiern?

Ich will ja feiern; aber richtig, so, wie sich's gehört, mit Singen und Erzählen ...

Und Sockenstricken!?

Ja, meinetwegen auch das – Weihnachten ist ein Fest der Besinnung.

Was is'n das, Besinnung? Braucht man dafür selbstgestrickte Socken?

Es kommt nicht darauf an, was man macht. Wichtig ist, daß man es selber macht!

Du meinst, wir feiern Weihnachten so, weil ihr damals Weihnachten selber gemacht habt?

Wie? Nein, ich meine, Weihnachten geht es nicht ums Kaufen, sondern ...

Sondern?

Na, zum Beispiel, daß man Zeit füreinander hat, daß man zur Ruhe kommt ....

Mama hat Weihnachten aber keine Ruhe, hat sie gesagt. Sie muß Kuchen backen und den Gänsebraten machen ...

Dieses Jahr gehen wir essen, ins Lamm. Das wird mein Weihnachtsgeschenk für Mama. Aber das ...

Ich denke, Weihnachten soll man alles selber machen!

Im Prinzip hast du recht, ja. Aber es darf natürlich kein Streß daraus werden!

Na gut, dann geh ich auch mit euch ins Lamm. Das viele Basteln vor Weihnachten ...

Das könnte dir so passen! Nein, nein, von dir wünsch ich mir auf jeden Fall wieder was Selbstgemachtes, verstanden!

Mir fällt aber nichts ein!

Denk mal ein bißchen nach! Das ist ja der Sinn des Schenkens, daß man nicht an sich selber denkt, sondern herauskriegt, was dem andern Freude macht.

Mama sagt aber, die Spülmaschine hättest du ihr voriges Jahr nur geschenkt, weil *du* nicht mehr abtrocknen wolltest.

Das hat sie doch nicht ernst gemeint! In Wirklichkeit hat sie's jetzt doch viel leichter, weil sie nicht mehr selber abwaschen muß.

Dafür ist sie aber nach dem Essen immer alleine in der Küche, wenn sie die Maschine einräumt. Gilt das denn nur für Frauen, das mit dem Selbermachen? Ich mein, weil – die Maria, die hat das Jesuskind doch auch ohne Mann gekriegt, nicht?

Wer hat dich denn auf *den* Trichter gebracht? Lernt ihr so was etwa im Kindergottesdienst?

Weiß ich nicht! Ist das denn falsch?

Na, also das fehlte noch, daß die jetzt auch in der Kirche mit diesem feministischen Quatsch anfangen!

Was is 'n das, femi- ...

Feministisch!

Ja, was is'n das? Hat das was mit Selbermachen zu tun?

Feministisch, das meint, wenn Frauen unbedingt was alleine tun müssen, weil sie vom Mann unterdrückt werden.

So wie ich meine Weihnachtsgeschenke!?

Nein, die machst du doch, weil du mich gern hast, oder? Schau mal, das Bild hier, das hast du mir gemalt, als du drei warst. Das ist doch für mich eine wunderschöne Erinnerung.

Weil da 'ne Kirche drauf ist? Gehst du darum immer Weihnachten in die Kirche?

Dummerchen, nicht darum. Weihnachten – da gehört die Kirche einfach dazu. Die Lieder, die Geschichte von Maria und Josef ...

Voriges Jahr hast du über die Geschichte aber furchtbar geschimpft, das weiß ich noch. »Was hat denn das mit Weihnachten zu tun«, hast du Mama angeschrien.

Also, angeschrien habe ich Mama bestimmt nicht. Aber sonst hast du schon recht; das war ja auch gar nicht die Weihnachtsgeschichte.

Aber das war doch auch mit Maria und so, was die da vorgespielt haben.

Das ist ja gerade das Infame!

Versteh ich nicht!

Das kannst du auch noch nicht verstehen. Sagen wir so: Der Pastor hat das Ganze so hingestellt, als würde Jesus in *unserer* Welt geboren.

Aber das singen wir doch immer, daß Jesus Weihnachten geboren wird.

Natürlich! Aber wir meinen damit damals, in Betlehem.

Du meinst, wenn wir Weihnachten feiern, dann passiert eigentlich gar nichts?

Doch, dann erinnern wir uns wieder an dieses Geschehen.

Unser Pastor sagt, weil Jesus Weihnachten auf die Welt kommt, darum sollen wir uns an die hungernden Kinder erinnern.

Dagegen hab ich ja auch nichts. Er soll nur die Politik aus dem Spiel lassen. Weihnachten muß immer noch Weihnachten bleiben!

Du meinst, wenn Jesus heute geboren wird, dann ist Weihnachten nicht mehr Weihnachten. Vielleicht wollte der ja gar nicht, daß wir das alles selber machen, Papa?

Klaus von Mering

Heiliger Abend

Die Mutter,
frisch vom Friseur
mit gelocktem Dutt,
ist ganz kaputt
von all der Arbeit vorher.

Unter dem Christbaum
mit flimmernden Kerzen
sagen Kinder Gedichte.
Wie brav!
Nur Peter,
das Schaf,
bleibt stecken.

»Macht doch mal Schluß«,
sagt der Vater.
»Ich muß
doch mal sehn,
was im Fernsehn
läuft!«
Aber erst wird noch gesungen!
»Alle Jahre wieder«
und
andere
schöne
alte
Weihnachtslieder.

Susanne Kilian

Nun quäl dich doch nicht so,
sicherlich fällt dir morgen auch noch was ein.

Das Christkind

Feiertage

Mutter ist nervös
Vater ist nervös
Kind ist nervös
Oma ist nervös

Oma ist gekommen
Um Mutter zu helfen
Vater hat gesagt
Sei nicht nötig gewesen

Kind steht im Weg
Mutter steht im Weg
Oma steht im Weg
Vater steht im Weg

Alle ham geschafft
Mit allerletzter Kraft

Vater hat gebadet
Mutter hat gebadet
Kind hat gebadet
Oma hat gebadet

Alle ham gepackt
Und alle sind gerannt

Und schließlich hat
Der Baum gebrannt

Mutter ist gerührt
Vater ist gerührt
Kind ist gerührt
Oma ist gerührt

Und dann werden
Die Pakete aufgeschnürt

Mutter ist gekränkt
Vater ist gekränkt
Kind ist gekränkt
Oma ist gekränkt

Denn jeder hat dem anderen
Was Falsches geschenkt

Schwiegertochter kommt
Patentante kommt
Lieblingsbruder kommt
Großneffe kommt

Kuchen ist zu süß
Plätzchen sind zu süß
Marzipan zu süß
Und der Baum ist mies

Mutter ist beleidigt
Vater ist beleidigt
Kind ist beleidigt
Oma ist beleidigt

Frieden auf Erden
Und den Menschen ein Unbehagen

Vater hats am Magen
Mutter hats am Magen
Oma hats am Magen

Kann nichts mehr vertragen
Nach all diesen Tagen

Mutter ist allein
Vater ist allein
Kind ist allein
Oma ist allein
Alle sind allein

Doch an Ostern
Wolln alle
In jedem Falle
Wieder zusammen sein.

Hanns Dieter Hüsch

Christkind

Gute Gaben bringt das Christkind am Heiligen Abend. Vom Himmel kommt das Christkind herunter auf die Erde und beschenkt die Kinder auf wunderbare Weise. Wenn es dunkel wird auf der Welt am Heiligen Abend, dann kommt das Christkind und bringt für jedes Kind Geschenke mit. Niemand kann das Christkind sehen bei seinen Verrichtungen, nicht einmal ein Zipfel seines Gewandes kann wahrgenommen werden. Wenn das Christkind fertig ist, dann läutet ein Glöcklein und die Kinder dürfen ins Zimmer kommen, wo der Christbaum steht und darunter die schönen Geschenke. Aber das Christkind ist nicht mehr da, das Christkind ist schon wieder weitergeflogen zu anderen Kindern. Auch andere Kinder wollen Geschenke bekommen, das Christkind hat viel zu tun am Heiligen Abend.

Weißtu, sagen die größeren Kinder zu den kleineren Kindern, weißtu, das Christkind gibt es gar nicht. Das Christkind ist in Wirklichkeit die Eltern, sagen die größeren Kinder, in Wirklichkeit gehen die Eltern in die Stadt und kaufen dir ein Spielzeug und etwas zum Anziehen. In Wirklichkeit kaufen die Eltern einen Christbaum und schmücken ihn ganz heimlich, daß du es nicht siehst und rufen dich ins Zimmer, wenn sie fertig sind und läuten das Glöcklein, damit du glaubst, das Christkind hat das Glöcklein geläutet und die Kerzen angezündet und die Geschenke gebracht. Stell dir einmal vor, sagen die größeren Kinder, wieviel das Christkind zu tun hätte, wenn es ungefähr zur selben Zeit am Heiligen Abend in jeder Wohnung auf der ganzen Welt alle Kerzen anzünden müßte an den Christbäumen. Das Christkind kann gar nicht überall zur selben Zeit sein, sagen die größeren Kinder, und außerdem hast du auch gar nicht alles bekommen, was du dir gewünscht hast, da siehst du schon, daß es das Christkind gar nicht gibt; sondern die Eltern müssen sich überlegen, was sie dir kaufen können und was nicht, die Eltern haben nicht so viel Geld, um dir alles kaufen zu können, was du haben möchtest. Nur die ganz kleinen und die ganz dummen Kinder glauben noch ans Christkind, sagen die größeren Kinder, wenn man größer wird, dann glaubt man nicht mehr ans Christkind.

Zweifeln heißt denken, sagt der Philosoph Wittgenstein.

Weißtu, sagt die Mutter, jetzt wo du schon größer bist, kann ich es dir ja sagen, daß der Papa und ich in Wirklichkeit deine Geschenke gekauft haben und den Christbaum, weißtu, das Christkind hat ja so viel zu tun, da ist es besser, der Papa und ich nehmen dem Christkind eine Arbeit ab und kaufen die Geschenke und schmücken den Christbaum und läuten das Glöcklein.

Ihr müßt wissen, sagt der Religionslehrer, daß Gottvater seinen Sohn auf die Welt geschickt hat, um die Menschen von der

Sünde zu erlösen. Dazu brauchte er eine irdische Mutter, das war Maria, die hat Jesus in einem Stall zur Welt gebracht, weil die bösen Menschen ihr keine Herberge gaben. Das Christkind ist in Wirklichkeit das Jesuskind, und die Menschen geben einander zu Weihnachten viele Geschenke zur Erinnerung an die Geburt des Sohnes Gottes, aber nur mit dem Schenken ist es nicht getan, man muß auch in die Kirche gehen zu Weihnachten und zur Kommunion gehen zu Weihnachten, dann kommt Jesus in euer Herz hinein, das ist viel mehr wert als alle Geschenke. Wenn ihr euren Eltern folgt, sagt der Religionslehrer, dann macht ihr dem Jesuskind eine große Freude, wenn ihr in der Schule fleißig seid und nicht schwätzt während des Unterrichtes und eure Aufgaben ordentlich macht, dann freut sich das Jesuskind.

Der Religionslehrer glaubt auch nicht ans Christkind.

Die Mutter glaubt auch nicht ans Christkind.

Die größeren Kinder glauben auch nicht ans Christkind.

Es ist schon vorgekommen, daß das Christkind jemand übersehen hat bei der Verteilung der Gaben, es ist schon vorgekommen, daß jemand allein geblieben ist am Heiligen Abend und sich einen Rausch angetrunken hat zu Hause oder sich umgebracht hat, weil das Christkind nicht zu ihm gekommen ist, weil überhaupt niemand zu ihm gekommen ist am Heiligen Abend. Nach Auskunft der zuständigen Stellen besteht am Heiligen Abend eine erhöhte Selbstmordbereitschaft.

Die Selbstmörder können sich nicht damit abfinden, daß es kein Christkind gibt.

Es wäre schön, sagt der Selbstmörder, wenn ich noch ans Christkind glauben könnte. Als ich noch klein war, habe ich auch ans Christkind geglaubt wie alle anderen Kinder. Es war schön am Heiligen Abend, aufs Christkind zu warten, es war alles ganz anders als sonst, die Welt war verwandelt am Heiligen Abend, alle waren zueinander freundlich, es war die Vorfreude fast schöner als die Bescherung. Es wäre schön, sagt der Selbstmörder, noch einmal zum Kind werden zu können und aufs Christkind warten zu können ganz ohne Hintergedanken und Zweifel. Es wäre schön, sagt der Selbstmörder, wenn irgend etwas in Erfüllung gegangen wäre von dem, was ich mir vom Leben erwartet habe. Es wäre schön, sagt der Selbstmörder, wenn es das Christkind wirklich geben würde.

Am Heiligen Abend spürt der Selbstmörder stärker als sonst, daß ihm etwas vorenthalten worden ist.

Aus diesem Grunde trifft er die Vorbereitungen für seinen Selbstmord am Heiligen Abend.

Sein Vorhaben ist sozusagen ein theologisches Experiment.

Der Psychiater sagt, daß die Neigung zum Selbstmord in den meisten Fällen auf eine krankhafte Entwicklung des Individuums zurückgeführt werden kann.

Der Psychiater glaubt auch nicht an das Christkind.

Wissenschaft, Wirtschaft, Elternhaus, Kirche, Schule glauben alle nicht ans Christkind, sie glauben vielmehr an die Wirklichkeit und treiben infolgedessen den ganz kleinen Kindern den Glauben an eine Welt aus, in der einem nichts vorenthalten wird.

Eben dieser Glaube ist nämlich im Glauben ans Christkind enthalten, in gar nicht kindlicher Weise.

Wäre der Glaube an eine Welt, in der einem nichts vorenthalten wird, tatsächlich ein kindlicher Glaube, dann gäbe es nicht einmal die Gewerkschaften und die Sozialversicherung.

Man kann sich gar nicht genug wünschen, sagt das Christkind.

Man soll etwas unternehmen, daß die Wünsche in Erfüllung gehen, sagt das Christkind, und während man in dieser Richtung etwas unternimmt, soll man sich weiterhin darin üben, möglichst weitgehende Wünsche zu haben und sich von diesen Wünschen nicht abbringen lassen durch die Wirklichkeit. Erst wenn alle Wünsche in Erfüllung gegangen sind, wird es mich nicht mehr geben, sagt das Christkind.

Bis dahin sollt ihr weiterhin an eine Welt glauben, in der einem nichts vorenthalten wird, sagt das Christkind.

Die größeren Kinder, die Mutter, der Religionslehrer, der Psychiater haben durchaus Recht, sagt das Christkind: denn es gibt mich nicht wirklich, ich bin eine Illusion. Aber die ungestillten Bedürfnisse, die mich erzeugt haben, sagt das Christkind, die sind wirklich da, und ihretwegen bin ich notwendig bis auf weiteres. Wenn das Christkind fertig ist, dann läutet ein Glöcklein und die Kinder dürfen ins Zimmer kommen, wo der Christbaum steht und darunter die schönen Geschenke. Aber das Christkind ist nicht mehr da, das Christkind ist schon wieder weiter geflogen zu anderen Kindern. Auch andere Kinder wollen Geschenke bekommen.

Adolf Holl

Travniceks Weihnachtseinkäufe

Freund: Was, Travnicek, denken Sie, wenn Sie Weihnachtseinkäufe machen?

Travnicek: Ich denk, was das kostet. Wann i die Sachen im Frühjahrsverkauf besorgt hätt, wär's dasselbe g'wesen, aber um die Hälfte billiger.

Freund: Aber Travnicek, im Frühjahr können S' doch nicht wissen, was Ihre Leut sich zu Weihnachten wünschen.

Travnicek: Des weiß i jetzt a net.

Freund: Na, für wen haben S' denn alles eingekauft?

Travnicek: Was is das für a Frage? I geh in a Geschäft eini, schnapp, was i kriegen kann, und schau, daß i mit mein' Wagen weiterkomm, bevor sie mich aufschreiben.

Freund: Na und?

Travnicek: Zu Haus pack i's aus, denk nach, wem i's anhängen kann.

Freund: Was, Travnicek, grübeln Sie?

Travnicek: Ich denk nach, ob ich mehr Pakete oder mehr Verwandte hab.

Freund: Sie sind prosaisch, Travnicek. Man schenkt doch, um den Leuten eine Freude zu machen. Macht es Ihnen keine Freude, wenn Sie was geschenkt kriegen?

Travnicek: Schaun Se, schaun Se, voriges Jahr zu Weihnachten schenk i mein' Onkel a Krawatten, die mir gefallt. Er schenkt mir a Krawatten, die ihm gefallt. Also, was soll i mit der Krawatten? Wenn i a Glück hab, kann i mi dran aufhängen.

Freund: Sie haben, Travnicek, keine Poesie. Denken Sie doch an Ihre Kindheit. Was pflegten Sie zu Weihnachten zu kriegen?

Travnicek: Watschen.

Freund: Wie das, Travnicek.

Travnicek: Ich pflegte den Baum anzuzünden.

Freund: Absichtlich?

Travnicek: Nein, es hat sich so ergeben.

Freund: Na, glücklicherweise gibt es aber noch Leut, die sich ihr kindliches Gemüt bewahrt haben, die was noch ans Christkindl glauben.

Travnicek: Ja, die Geschäftsleut.

Freund: Nicht nur die. Schaun S' mi an. I zum Beispiel. I zieh mir zu Weihnachten immer einen Pelz und einen Bart an.

Travnicek: Da wer'n S' gut ausschaun.

Freund: Und i bring den Kindern Geschenke. Gehen S' auch als Weihnachtsmann, Travnicek?

Travnicek: Ja, zu meiner Schwester.

Freund: Haben Sie auch einen Bart und einen Pelz?

Travnicek: Na.

Freund: Warum nicht?

Travnicek: Wann i kommen bin, da hab'n die Kinder immer gesagt: »Der Onkel Travnicek«. Hab i mir denkt, gehst amal in Zivil, ohne Bart.

Freund: Aber das ist doch keine Überraschung.

Travnicek: Wieso, die Kinder waren sehr überrrascht, sie haben nicht mehr gesagt, der Onkel Travnicek kommt als Weihnachtsmann, sie haben gesagt, der Weihnachtsmann kommt als Onkel Travnicek.

Freund: Kinder haben eine Phantasie. Des kommt von den vielen Märchen, wo s' lesen. Wissen Sie, Travnicek, ich les auch noch Märchen. Haben S' jemals Märchen gelesen?

Travnicek: Natürlich, natürlich, warum denn net, hör'n S'. Da hab i g'lesen: der Ratenschwindler von Hameln, die Prinzessin auf der Erbsensuppe und das Schneewittchen und die fünf Zwerge.

Freund: Wieso fünf, es sein doch siebene.

Travnicek: Ja, zwa hab i vergessen.

Freund: Na, und Aschenbrödel?

Travnicek: Lass'n S' mi aus mit der Dienstbotenfrage.

Freund: Dornröschen?

Travnicek: Dornröschen. Hör'n S' mich hat neulich einer aufgeweckt.

Freund: Mit an Kuß?

Travnicek: Na, mit an Moped, was glauben S', was i dem erzählt hab.

Freund: Sie san prosaisch, Travnicek, Hänsel und Gretel?

Travnicek: Das mit dem Lebkuchenhaus ist ganz und gar unpädagogisch. Die Kinder verderb'n sich den Magen, kriegen a Gastritis, wer'n bösartig. Nachher schmeißen s' die Alte ins Feuer – Halbstarkenproblem.

Freund: Travnicek, streiten wir nicht! Für mich ist zu Weihnachten die ganze Stadt ein Märchen. Überall auf den Geschäftsstraßen blitzt es und flimmert es. Kranzeln, Girlanden und Sterndeln. Wenn Sie's so funkeln und leuchten sehn, Travnicek, was wünschen Sie sich?

Travnicek: An Kurzschluß.

Freund: Sehn S' und mi freut's, das ist eben der Unterschied zwischen uns beiden. Der schönste Brauch für mich aber, Travnicek, ist eine Spezialität, die was nur Österreich hat.

Travnicek: Was hat nur Österreich?

Freund: Die Stempel.

Travnicek: Was für Stempel?

Freund: Na, die Poststempel auf den Briefen. Ist des net schön? Das ist für mich der sinnigste Brauch in der ganzen Weihnachtszeit.

Travnicek: Des is kein sinniger Brauch, des ist a Zufall.

Freund: Was ist a Zufall?

Travnicek: Daß der Ort so heißt, der Ort in Oberösterreich. Wann i Christkindl haßen möcht, könnt i zu Weihnachten auch Briefe abstempeln.

Freund: Sie können auf jeden Fall zu Weihnachten Briefe abstempeln.

Travnicek: Ja, was hab i davon, wann i zu Weihnachten Briefe abstempel, nachher steht Travnicek drauf, glauben S', da kommt jemand in Weihnachtsstimmung?

Helmut Qualtinger

Wo nehmen wir den Frieden her?

Kommt Frieden auf den Glockenschlag?

Denk ich an Weihnacht: komm, erzähl:
war's wirklich so? War's gestern so?
Ein Glockenfest und Frieden? Quäl'
mich mit Fragen nicht, denn irgendwo

war da ein Tag wie alle Tage:
kein Leuchten war, und das Gesicht
der Menschen düster, ohne Licht.
Es gab in ihm die bange Frage:

Wozu geboren? Denn man stirbt
doch in der Welt an diesem Tag,
genauso wie man Gut erwirbt.
Kommt Frieden auf den Glockenschlag?

Karl Krolow

Notizen beim Schreiben der Weihnachtspredigt

FÜRCHTET EUCH NICHT, wieso, wir fürchten sehr vieles, wir haben Grund, sehr vieles zu fürchten, Krebs, Hunger, Kälte, den Tod durch Atom, am meisten uns selbst, die Welt, wie sie ist, den Krieg, den niegeschlossenen Frieden, das Messer in den Leibern der Kinder, die Zeitung, ja, wir fürchten sie, fürchten, sie aufzuschlagen, DENN SIEHE, ICH VERKÜNDIGE EUCH GROSSE FREUDE, verkündigen, ach, was ist uns alles verkündigt worden, Kaisers Geburtstag, Gott strafe England, Republik, Demokratie, Führer befiehl, Tag X, wieder Demokratie, Nato, keine Experimente, Sicherheit, Wohlstand, konzertierte Aktion, DIE ALLEN VÖLKERN WIDERFAHREN WIRD, auch den schwarzen, den roten und gelben, den Sklavenvölkern in Slums, im KZ, hinter Stacheldraht, auch uns im zweimal geteilten Deutschland, im Todesstreifen, am Zaun, an der Mauer, in Göttingen, mitten im Weihnachtsrummel bei Bratwürsten, Lametta, Lichterglanz, Heidschi bumbeidschi, DENN EUCH IST HEUTE DER HEILAND GEBOREN, Heiland, versteh nicht, nein, hier wird keiner geheilt zwischen Nordkap und Südkap, zwischen Da Nang und Guinea, am Ganges zwischen den Wasserleichen, keiner in Belfast auf Credo-Barrikaden, keiner im Untergrund von San Sebastian bis Colombo, keiner geheilt von sich selbst, Abel steht nicht wieder auf, »unheilbar« hören wir alle zuletzt, da hilft kein Rezept, was hülfe uns dieses, WELCHER IST CHRISTUS, DER HERR, IN DER STADT DAVIDS, der Herr, nicht einer von vielen, nicht Stalin, Hitler, nicht Mao Tsetung, nicht Dollar, nicht Deutsche Mark, nicht Investment, nicht die Herren der Massenmedien, nein, der Herr, der Christus, großartiger Name, Arzt, Retter, König, wer mißtraute da nicht und wer ließe, dies hörend, nicht gern den Argwohn und ließe sich retten, UND DIES HABT ZUM ZEICHEN, Alarmzeichen, Sendezeichen, Zeichen der Zeit, Notzeichen, Wasserzeichen, Feuerzeichen, Morsezeichen, Zeichen über Zeichen, doch, Engel, welches denn hier, IHR WERDET FINDEN DAS KIND, IN WINDELN GEWICKELT UND IN EINER KRIPPE LIEGEN, wie, in der Krippe, soll das heißen: übern Hof weg im Stall, bei Ochs und Esel, Ratte und Maus, in der Kälte, im Dreck, in der Dunkelheit, auf der Flucht, in Armut, erniedrigt und ausgestoßen, im letzten Winkel der Welt – – sehr unwahrscheinlich, Engel, warum, so frag ich, hast du nicht andere Auskunft, warum so bezweifelbar alles, warum so unmöglich, sollen wir, Engel, erschrecken, weil nur Erschrockne die Ohren auftun, von der Stimme getroffen, erschrocken prüfen den Zweifel, erschrocken das Unwahrscheinliche, oder hat Gott selber, Engel, so frag ich, das Unmögliche möglich gemacht, sagst du deshalb: allen Völkern, deshalb: Freude, und deshalb: Fürchtet euch nicht!?

Rudolf Otto Wiemer

Bekümmertes Weihnachtslied

Wo bist du, Gott, du großer Stern,
den die Gebete nennen?
Du warst doch nah und bist so fern
und läßt dich nicht erkennen.

Die Augen nehmen dich nicht wahr,
wir gehen wie die Blinden
und suchen, wo dein Bild einst war,
und können dich nicht finden.

Wir hören deine Stimme nicht
im Lärmen der Motoren.
Laß leuchten, Herr, dein Angesicht,
sonst gehen wir verloren.

Der Himmel über uns ist leer
und nirgends Engelheere.
Wo nehmen wir den Frieden her?
Wir haben nur Gewehre.

Weiß einer noch, wo Hirten sind,
die wachen bei den Herden?
Zeig uns den Stall, zeig uns das Kind,
daß wir gerettet werden.

Lothar Zenetti

Weihnacht

In allen Häusern ist schon Licht.
Hingegen in den Hauptessachen: Dunkelheit.
Unhörbar, was die Nacht verspricht
an kurzer Freude und an langem Leid.

Was hier als Zeichen in der Wiege ruht,
Jahrhundert um Jahrhundert fromm verehrt:
Ein bißchen Fleisch und Bein und Blut
ist allemal auch uns beschert.

Doch alles Feiern gilt dem einen Kind,
das später einmal unter Foltern stirbt.
Trotz allem Licht: Wir bleiben blind:
auf daß uns nichts den Appetit verdirbt.

Günter Kunert

Dem Revolutionär Jesus zum Geburtstag

Welch umstürzlerischer Gott

Welch umstürzlerischer Gott
trat in dieser heiligen Nacht
leis
in die Welt.
Stall – gleißend von Glorie,
hölzerne Krippe – des Gesalbten Wiege,
Strohbund – sein Lager,
Magd Marien – unsere Gottesmutter.

Pflugschar
stieß in das Land,
kehrte das Hohe
zum Grund.
Und ER hob aus der Tiefe
das Arme auf
wie einen Edelstein.

Welch umstürzlerischer Gott ...
Und ihr habt
ein Eiapopeia
daraus gemacht!

Manfred Haustein

Dem Revolutionär Jesus zum Geburtstag

Zweitausend Jahre sind es fast,
seit du die Welt verlassen hast,
du Opferlamm des Lebens!
Du gabst den Armen ihren Gott.
Du littest durch der Reichen Spott.
Du tatest es vergebens!

Du sahst Gewalt und Polizei.
Du wolltest alle Menschen frei
und Frieden auf der Erde.
Du wußtest, wie das Elend tut
und wolltest alle Menschen gut,
damit es schöner werde!

Du warst ein Revolutionär
und machtest dir das Leben schwer
mit Schiebern und Gelehrten.
Du hast die Freiheit stets beschützt
und doch den Menschen nichts genützt.
Du kamst an die Verkehrten!

Du kämpftest tapfer gegen sie
und gegen Staat und Industrie
und die gesamte Meute.
Bis man an dir, weil nichts verfing,
Justizmord, kurzerhand, beging.
Es war genau wie heute.

Die Menschen wurden nicht gescheit.
Am wenigsten die Christenheit,
trotz allem Händefalten.
Du hattest sie vergeblich lieb.
Du starbst umsonst. Und alles blieb
beim Alten.

Erich Kästner

An der Endstation

Einsiedlers Heiliger Abend

Ich hab' in den Weihnachtstagen –
Ich weiß auch, warum –
Mir selbst einen Christbaum geschlagen,
Der ist ganz verkrüppelt und krumm.

Ich bohrte ein Loch in die Diele
Und steckte ihn da hinein
Und stellte rings um ihn viele
Flaschen Burgunderwein.

Und zierte, um Baumschmuck und Lichter
Zu sparen, ihn abends noch spät
Mit Löffeln, Gabeln und Trichter
Und anderem blanken Gerät.

Ich kochte zur heiligen Stunde
Mir Erbsensuppe mit Speck
Und gab meinem fröhlichen Hunde
Gulasch und litt seinen Dreck.

Und sang aus burgundernder Kehle
Das Pfannenflickerlied.
Und pries mit bewundernder Seele
Alles das, was ich mied.

Es glimmte petroleumtrunken
Später der Lampendocht.
Ich saß in Gedanken versunken.
Da hat's an die Türe gepocht,

Und pochte wieder und wieder.
Es konnte das Christkind sein.
Und klang's nicht wie Weihnachtslieder?
Ich aber rief nicht: »Herein!«

Ich zog mich aus und ging leise
Zu Bett, ohne Angst, ohne Spott,
Und dankte auf krumme Weise
Lallend dem lieben Gott.

Joachim Ringelnatz

»Der hat's gut, der Typ! Läßt den ganzen
Weihnachtsrummel einfach an sich abperlen!«

Weihnachtslied, chemisch gereinigt

Morgen, Kinder, wird's nichts geben!
Nur wer hat, kriegt noch geschenkt.
Mutter schenkte euch das Leben:
Das genügt, wenn man's bedenkt.
Einmal kommt auch eure Zeit.
Morgen ist's noch nicht soweit.

Doch ihr dürft nicht traurig werden.
Reiche haben Armut gern.
Gänsebraten macht Beschwerden.
Puppen sind nicht mehr modern.
Morgen kommt der Weihnachtsmann.
Allerdings nur nebenan.

Lauft ein bißchen durch die Straßen!
Dort gibt's Weihnachtsfest genug.
Christentum, vom Turm geblasen,
macht die kleinsten Kinder klug.
Kopf gut schütteln vor Gebrauch!
Ohne Christbaum geht es auch.

Tannengrün mit Osrambirnen –
lernt drauf pfeifen! Werdet stolz!
Reißt die Bretter von den Stirnen,
denn im Ofen fehlt's an Holz!
Stille Nacht und heil'ge Nacht –
weint, wenn's geht, nicht! Sondern lacht!

Morgen, Kinder, wird's nichts geben!
Wer nichts kriegt, der kriegt Geduld!
Morgen, Kinder, lernt fürs Leben!
Gott ist nicht allein dran schuld.
Gottes Güte reicht so weit ...
Ach, du liebe Weihnachtszeit!

Erich Kästner

Alle Jahre wieder

Alle Jahre wieder kommt das nächste Kind,
weil wir arm und gläubig, gut katholisch sind.

Weil Papst Paul Johannes streng verboten hat
den Gebrauch der Pille, werden wir nicht satt.

Auch wenn wir verhungern, bleiben wir dabei:
lieber tot als schuldig, Christus macht uns frei.

Agnes Hüfner

Weihnachten der Obdachlosen

1962 feierten Mutter und ich Weihnachten auf der Straße. Wir
hatten kein Zuhause, kein Geld und wenig Hoffnung. Wir hatten
nur uns. Dazu kam, daß Mutter schwer erkrankt war und wohl
nur noch von ihren Sorgen um mich am Leben erhalten wurde.
Manchmal kam es vor, daß wir überhaupt nichts in den Bauch
bekamen. Doch das ließ sich alles noch ertragen. Schlimm wurde es für mich stets, wenn ich beobachten mußte, wie Mutter
immer magerer wurde und immer kränker.
Es war schlimm für mich, Mutter so leiden zu sehen. Mich selbst
trafen Regen und Schnee nicht so sehr, doch Mutters Anblick
brannte sich mir mit brutaler Härte ins Bewußtsein.
Es war, als teilte ich Mutters Qualen, wenn ich mit ihr durch
Schneegestöber gegen den Wind ankämpfte in der steten Hoffnung, doch noch irgendwo einen Winkel zu finden, in dem wir
Schutz vor dem Schnee, vor der Kälte fanden ...

Oft mußte ich sie stützen, wenn wir in unseren zerlöcherten Schuhen, stets bemüht, Pfützen auszuweichen, nachts durch die Straßen wanderten und eine Bleibe suchten.

Wie froren wir doch in unseren alten und schon dünnen Jacken – Mäntel hatten wir schon keine mehr, sie waren längst im Leihhaus und die Scheine verfallen.

Und wie oft kam es vor, daß wir mitten auf der Straße stehen bleiben mußten und dachten, es geht nicht mehr weiter, weil Mutter sich in Hustenkrämpfen wand.

Weihnachten 1962. Mutter war schwer auf meine Schulter gestützt, und so wanderten wir durch die vom Schneetreiben zusätzlich verdunkelten Straßen. Alle paar Meter mußten wir stehen bleiben und Mutter bekam ihren Hustenanfall.

Es war erbärmlich kalt – und Heiliger Abend!

Bisher versuchten Mama und Oma immer, Weihnachten unser Fest sein zu lassen und taten alles, um mir an diesem einzigen Tag im Jahr eine vereinte, friedliche Familie zu sein – nun war es zum erstenmal anders ...

Nachmittags hatten wir noch Oma besucht und von ihr Küchenreste, wie Ochsenschwanzknochen zum Abnagen mitbekommen. Wir hatten uns einen offenen Hauseingang gesucht und darin an unseren Knochen herumgenagt.

Leider wollte man nicht einmal an Weihnachten, dem Fest der Brüderlichkeit und Liebe, mit »so was« unter einem Dach leben. Hausbewohner jagten uns wieder auf die Straße!

Da ich noch ein Kind war, konnten wir auch nicht wie andere Penner zur Caritas in den Bahnhofswartesaal gehen. So schleppte sich Mutter mit mir durch die weihnachtlich festlichen Straßen. Immer wieder blieben wir an Auslagen stehen und sahen uns die Nikoläuse und Christbäume an.

Stets war Mutter es, deren Hand sich in die meine stahl ... Immer wieder sagte sie: »Mein armer Junge, ich wünschte, ich könnte dir all das geben!« Und: »Es wird auch wieder schön werden ...«

Damals glaubte ich, sie sei wegen der momentanen Situation so sehr deprimiert. Heute ist mir klar, daß sie wußte, daß sie dieses »Schönwerden« nicht mehr erleben würde.

Schön – was ist denn schön? Schön warm? Schön satt? Mir war's so schwer ums Herz, mir halfen keine Worte mehr – auch die von Mutter nicht.

Als wir an einem Wohnungsfenster mit offenen Gardinen vorbeikamen und den Christbaum im Inneren sahen, gingen wir näher hin und hörten leise Weihnachtslieder herausklingen. Mutter zog mich an sich und strich mir über die nassen Haare. So standen wir da und lauschten einem Weihnachtsständchen, welches Unbekannte für uns gaben, ohne es zu wissen.

Endlich gingen wir weiter.

Fest aneinandergeklammert gingen wir durch die verschneiten Straßen und hofften, daß die Stunden vergehen möchten.

Während wir so durch die Straßen wanderten, wurde uns unsere Einsamkeit mit aller Härte bewußt.

Kein Mensch war, wie sonst üblich, auf den nächtlichen Straßen zu sehen, nur ganz wenige Autos fuhren und der Schnee tat sein übriges, indem er auch noch unsere Schritte dämpfte.

In dieser drückenden Stille sprachen wir ganz leise, so, als hätten wir Angst, jemanden zu wecken ...

Während der ganzen Nacht belogen wir uns. Mit mir begann es, als ich durch das Fenster beobachten konnte, wie andere feierten. Mir kamen die Tränen, aber immer wieder begann ich laut zu sprechen, um mein Schluchzen zu verbergen. Und immer wieder sagte ich zu Mutter, ich hätte Schnee in die Augen bekommen.

Bald schon hatte auch Mutter laufend Schnee in ihren Augen, den sie unbedingt wegwischen mußte ...

Wie oft fragte ich wohl in dieser Nacht Mutter, ob sie auch wirklich nicht weinen würde, und wie oft verriet ich mich selbst mit meinen Zweifeln an dem angeblichen Schnee in *ihren* Augen ...

Oft verbrachten wir Nächte im Freien, jedoch verspürten wir sie nie so sehr schmerzhaft wie gerade diese Weihnachtsnacht.

Michael, Stadtstreicherkind, Justizvollzugsanstalt Kaisheim

»Und dieses Jahr«, sagte G., »gehen wir am Heiligen Abend so gegen zehn in den Bahnhof und machen da Musik – für alle, die es hören wollen!«

Für mich war es das erste Weihnachten ohne Familie, ich wußte sowieso nicht, was ich mit dem Abend anfangen sollte. Darum beschloß ich mitzugehen.

Während in den christlichen und unchristlichen Wohnzimmern das sentimentale Konsumspektakel um den Knaben im lockigen Haar noch im vollen Gange war, zogen wir mit Gitarren, Flöten und Schlagzeug und einigen Papiertaschen voll von Zigaretten und Schokolade über den Eigelstein. Eine milde Nacht, gnädig den Unbehausten und Fremdlingen! Zahlreich waren sie unterwegs, manche schon ein bißchen angetrunken. Sie betrachteten die Reste in den Auslagen, was übriggeblieben war vom großen Ausverkauf, der Millionen von Gratifikationen und dreizehnten Gehältern geschluckt hatte, dem göttlichen Kind zur Feier. Sie standen, Hände in den Hosentaschen, schwatzend an den Ecken, schlenderten kreuz und quer über die Fahrbahn, die von Autos leer war um diese Stunde des Verzehrs von Spekulatius, Zimtsternen und Marzipankartoffeln bei Kerzenschein. Hier war man um etliche Stufen näher an der Originalszene (falls Lukas sie annähernd richtig getroffen haben sollte): schäbige Straßen voll schäbiger Leute, für die dieser Abend wie jeder andere war, ein Abend in der Fremde, von der nichts Gutes zu erwarten stand ...

Im Bahnhof stellten wir uns zu dem großen Tannenbaum in der Halle, packten die Instrumente aus, machten einen Kreis und fingen mal an mit »O du fröhliche!«, ein bißchen verjazzt. Wir waren noch etwas zaghaft, nicht ahnend, wie das wohl ankommen würde und ob wir am Ende nicht Spott und Hohn ernteten von diesen Randbewohnern des bürgerlichen Archipels, die mit der »gnadenbringenden Weihnachtszeit« nicht viel am Hut hatten.

Aber nein, es gefiel ihnen offenbar. Schnell bildete sich ein Kreis von Menschen um die Musikanten, Neugier und Erstaunen in den Augen. Wer das denn wäre, fragte der eine oder andere, etliche hielten uns für die Heilsarmee – aber so sahen wir doch gar nicht aus in unseren Jacken und Jeans. Dann begann U. mit seiner schönen vollen Stimme das Armen-Lied »See the baby, laying in a manger«, die Weihnachtsgeschichte aus dem Mund von Schwarzen, wir sangen den Refrain und klatschten dazu. Und die im Kreis klatschten mit, riefen auch das dreimalige »Amen« – und später das »Glory, glory, hallelujah« von den einmarschierenden Heiligen, sie wiegten sich im Rhythmus des »Kumbayah, my Lord« und schlugen in die Hände bei »He's got the whole world in his hands«.

Ein Alter im Rollstuhl rollte sich heran, beide Beine amputiert. Er trug über einem schmierigen Hemd zwei Pullover und eine zerfranste Jacke, auf dem Kopf eine Schirmmütze, sie beschattete ein bartstoppeliges Gesicht. Gerade neben mich kam er zu stehen, ich roch Schnaps, Schweiß und Urin – so mußte es wohl damals in den Herbergen gerochen haben, jedenfalls eher danach als nach Kerzenwachs und Tannengrün. Der Alte war herzbewegend in seiner Begeisterung. Dies sei das schönste Weihnachtsfest, seitdem er vor sieben Jahren seine Beine verloren habe, erklärte er mit blinkenden Augen. Seitdem habe er kein Heim mehr. Er verbringe Tag und Nacht draußen im Rollstuhl, der Rollstuhl sei seine Wohnung. Aber im kalten Winter? fragte ich ungläubig. Ja, auch im Winter, deshalb habe er ja all das Zeug an. Und seine Habe? Er wies auf zwei Tragetaschen, hinten am Rollstuhl aufgehängt – mehr besitze er ohnehin nicht. »Aber ich bin nicht arm! Ich hab ein Konto! Ich überweise Euch nächste Woche hundert Mark – weil Ihr so schön singt ... Könnt Ihr auch Kyrie und Gloria? Ich kann es noch ... Ich war nämlich Meßdiener, o ja ... Ich hab meinen Glauben noch nicht verloren ... Singt mal ein Kyrie!« Aber wir sangen den »Song of joy« nach Beethoven, und dann teilten wir die Zigaretten und die Schokolade aus, und ich wollte dem Alten sein Päckchen in die Papiertüte schieben. – »Nit da, da nit!« rief er. »Hier an der Seite habe ich doch die Pißflasche drin!« Dann wollte er mir seine Mütze voll mit Geldstücken in die Hände ausleeren, auch andere zogen Geldstücke hervor und warfen sie in den Kreis, wo die Gitarren- und Flötenspieler sich hingehockt hatten. »Warum tut ihr das!« fragte ein grüblerisch aussehender junger Mann und wollte es nicht glauben, daß wir es aus Freude am Singen taten und weil Weihnachten war, Weihnachten für alle, auch für die ohne Baum und Krippe und Gabentisch, Weihnachten nicht nur im Wohnzimmer, nicht nur in der Kirche, sondern auch und gerade da, wo die sich aufhalten, die unterwegs sind und keine Herberge haben.

Daß der Rollstuhlmann keine Herberge hatte, daß in kalten und regnerischen Winternächten sein Gefährt unterm Hahnentor stand, wohin ihm die Toilettenfrau morgens ein Eimerchen warmes Wasser brachte zum Waschen – oder auch nicht –, das ließ uns keine Ruhe. Wir zogen Erkundigungen ein. Natürlich, hieß es, könne er jederzeit in einem Heim unterkommen! Dort sei er auch schon gewesen – aber es hielte ihn da nicht. »Ins Asyl?« fragte er, als ich ihn wiedertraf und darauf ansprach. »Ins Asyl? Kind, dat is doch der letzte Heuler!« Er wollte frei sein, wollte lieber den Umgang mit Hippies und »Talonmädchen« als die kleinbürgerliche Langeweile im Heim. Von glorreichen Momenten wie diesem, als er, von einem Polizisten nach einem Pennbruder ausgefragt, antwortete: »Aber Herr Wachtmeister, Sie können mir doch nich Ihr Amt anhängen! Da müssense schon selber suchen!«, redet er gern.

Wer sähe das nicht ein, daß man den Rollstuhlmann nicht ins Heim abschieben darf, Invalide unter Invaliden, daß er ein Zimmer haben muß, irgendein Dach bei irgendwelchen Leuten, auch wenn er trinkt und stinkt? Ein Platz in der Herberge! Den Platz, den gerade er braucht, nicht irgendeinen, den wir ihm gern anweisen möchten, um es uns bequem zu machen, Caritas oder Diakonie oder Arbeiterwohlfahrt. Denkt nach, Leute, überlegt, wo es das geben könnte, einen Raum im Parterre, ohne Stufen erreichbar, für einen alten Mann im Rollstuhl, der ein bißchen trinkt (Ihr würdet das ja auch nicht aushalten, ohne Beine und ohne einen Menschen, der für euch sorgt, ehrlich, Leute, ihr würdet auch trinken!).

Guckt euch um, strengt eure Phantasie an, gebt es nicht auf, zu fragen und zu suchen – nach einer Herberge für diese Hälfte von Mensch, für dieses kostbare Wrack aus dem Bahnhof zu Köln, allen anvertraut und ausgeliefert, die Beine haben – nicht nur in der fröhlichen, seligen Weihnachtszeit, nicht nur unterm O-Tannenbaum, nicht nur in der stillen, heiligen Nacht, die so heilig nicht ist und nichts als ein Ärgernis, wenn wir für den Rollstuhlmann kein Obdach finden.

Vilma Sturm

Moritat
vom Stadtstreicher Rackebrand

Nicht weit, in der Petrosilienstraße,
da wohnte der Stadtstreicher Rackebrand.
Er trug einen Schnurrbart unter der Nase
und ein Weib tätowiert auf der linken Hand.
Meist saß er zu Hause und feierte krank,
das war sein wunder Punkt.
Aber wenn er dann noch Schnaps dazu trank,
dann hat es bei ihm gefunkt.

Im Kaiserbazar von Julius Kümpfe,
da kaufte er kurz vor Ladenschluß
für eine Mark zwanzig zwei schwarze Strümpfe
und eine Pistole mit sieben Schuß.
Das Schießding ist zwar für Kinder bestimmt,
doch war der Kauf nicht dumm,
denn wenn der Rackebrand was unternimmt,
dann weiß er auch warum.

Er wußte: in der Barmherzigkeitsgasse,
da haben sie grad Moneten gezählt,
dreitausend Mark in der Kirchenkasse,
und so was hat ihm schon lange gefehlt.
Er nahm das Fahrrad und stellt's an die Wand
bei Bäckermeister Hopf.
Dann zieht er den Strumpf mit geschickter Hand
sich über den dicken Kopf.

Er eilte empor die dreizehn Stufen,
und gleich darauf der Rentamtmann Spieß
hörte mit gräßlicher Stimme rufen:
»Rasch das Geld her! Oder ich schieß!«
Er sagte nicht Ja, er sagte nicht Nein,
er murmelte nur dumpf
und packte dem Räuber die Geldscheine ein
in seinen zweiten Strumpf.

Dann ist der Kerl mit dem Fahrrad verschwunden
und zog den Strumpf von seinem Gesicht.
Die Polizei, die suchte zehn Stunden,
doch Rackebrand, nee, den fanden sie nicht.
Zu seinem Glück fing es an zu schnein
und hat drei Tage geschneit.
Die Leute, die kauften Geschenke ein,
es war um die Weihnachtszeit.

Und in dem Kaufhaus von Adalbert Paasche
erschien am Tag darauf Rackebrand
und kaufte in der dritten Etage
ein golden durchwirktes Engelsgewand.
Dazu zwei Flügel aus weichem Flaum,
die Platte mit »Stille Nacht«
und Kerzen und einen Tannenbaum –
dabei hat er manchmal gelacht.

Und Heiligabend, so konnte man lesen,
hat in den Baracken ein Engel geweilt,
er ist bei den armen Schluckern gewesen
und hat Zwanzigmarkscheine ausgeteilt.
Dann sah man ihn noch bei der Bahnhofsmission
und vor dem Herbergstor.
Zur Mette riefen die Glocken schon,
vom Turm herab sang der Chor.

Und Rackebrand, als der Richter ihn fragte,
was er bei dem allen sich vorgestellt,
zwinkerte eine Weile und sagte:
»Mit Verlaub, Herr Gerichtsrat: Brot für die Welt.«
Er wurde verurteilt zu zweieinhalb Jahr,
doch das tat ihm keineswegs leid.
Laut sang er, als schon längst Sommer war
»O du fröhliche Weihnachtszeit!«

Rudolf Otto Wiemer

So grausam kann Gott nicht sein

An der Stalltür

Die Drei finden sich in der Dunkelheit zurecht. Sie sind ohne Eile. Sie mustern die wenigen Entgegenkommenden in dieser beginnenden Nacht. Manchmal bleiben sie stehen und besprechen sich.

Ihre Aufgaben sind verteilt. Einer erkundigt sich bei den Passanten nach dem Stall. Die beiden anderen haben Mühe, ihre Gaben unter der derben Kleidung zu halten.

Die Auskünfte, die der Frager bekommt, sind freundlich und ungenau. Ja, da soll ein auswärtiges Paar – die Frau hochschwanger – ein Notquartier bezogen haben – draußen.

Aber wo dieses draußen ist – Schulterzucken.

Schließlich schält sich mit einiger Gewißheit heraus – die Fremden hausen am Nordrand der Stadt.

Der Boden ist trocken und rissig. Die Drei achten darauf, beim Gehen leise zu sein. Wenn sie reden, flüstern sie.

Sie stocken. Da ist ein Lagerfeuer. In seinem flackernden Schein zeichnet sich eine einbeinige Frau mit Krücken ab.

Der Späher geht auf die Frau zu und fragt nach dem Stall.

Die Frau sagt nichts. Sie hebt nur eine ihrer Krücken und zeigt in das Dunkel. Die Drei gehen in die angewiesene Richtung. Einer nimmt einen brennenden Ast vom Feuer der Frau als Fackel.

Sie finden den Stall bald. Der Späher tritt zur Seite und macht den beiden anderen Platz.

Der eine malt ein Kreuz an die Stalltür. Sorgsam und groß. Zuerst der vertikale Balken, dann der horizontale. Er verstärkt die Balken nachdrücklich. Er geht einen Schritt zurück und prüft sein Werk. Dann ergänzt er das Kreuz durch kleine Querstriche. Vom Balkenende nach rechts. Viermal diese Haken.

Der Dritte drückt die Stalltür auf. Sie ist unverschlossen und hängt schief in verwitterten Angeln. Er blickt in das Stallinnere. Zwei schlafende Gestalten. Ein Kind in einem Futtertrog auf Häcksel. Vorsichtig nimmt der Dritte aus seiner Jacke das Päckchen.

Er nestelt daran. Hebt es nah an sein Gesicht. Läßt seine Wangen es zärtlich spüren. Zielend kneift er ein Auge zu und wiegt das Päckchen. Er kann sich auf sich verlassen. Seine Gefährten auch. Auf ihn. Die Übungen.

Dann schleudert er den Brand in den Stall.

Die Drei warten die Stichflamme ab und sehen einen Herzschlag lang die drei Menschen genau: den Vater, die Mutter, den Säugling.

Dann rennen sie. Ihre Stiefel hämmern jetzt über den ausgedörrten Boden. Jetzt sind sie wieder auf der Höhe der Frau mit den Krücken: der Späher, der Schmierer, der Werfer. Als sie an der Frau vorbeilaufen wollen, stellt sie sich ihnen in den Weg. Sie zeigt zum brennenden Stall, diesmal fragend, klagend. Der Werfer tritt im Lauf eine Krücke der Frau weg. Die Frau sackt seitwärts zusammen.

Die Drei nicken einander zu.

Niemand verfolgt sie.

Josef Reding

Weihnacht

Es war Weihnacht.
Ich ging über die weite Ebene.
Der Schnee war wie Glas.
Es war kalt.
Die Luft war tot.
Keine Bewegung, kein Ton.
Der Horizont war rund.
Der Himmel schwarz.
Die Sterne gestorben.
Der Mond gestern zu Grabe getragen.
Die Sonne nicht aufgegangen.
Ich schrie.
Ich hörte mich nicht.
Ich schrie wieder.
Ich sah einen Körper auf dem Schnee liegen.
Es war das Christkind.
Die Glieder weiß und starr.
Der Heiligenschein eine gelbe gefrorene Scheibe.
Ich nahm das Kind in die Hände.
Ich bewegte seine Arme auf und ab.
Ich öffnete seine Lider.
Es hatte keine Augen.
Ich hatte Hunger.
Ich aß den Heiligenschein.
Er schmeckte wie altes Brot.
Ich biß ihm den Kopf ab.
Alter Marzipan.
Ich ging weiter.

Friedrich Dürrenmatt

Nachrichten aus Betlehem

Gestern übernachtete ich in
Betlehem. Als ich den Wirt
fragte: Wo ist der Stall?
sagte er : Abgebrannt.
Wo Ochs und Esel?
Geschlachtet.
Maria und Josef?
Vergast.

Die Weisen, bevor sie eintraten,
zweifelten. Sie versteckten
Gold, Weihrauch, Myrrhe unter den
Mänteln und sagten: Hier
nicht.
Weshalb, frage ich, handelten sie
gegen die Verabredung?

Der Mörder, der in Handschellen
den Hirten begegnete, auf dem
Weg zum Galgen, hörte reden vom
Engel, vom Stern, vom Kind.
Er sagte: Verdammt. Kein Wort von
Begnadigung.

Die Krippe wurde oft von Reportern
fotografiert. Man fand sie großartig
hart, bemängelte jedoch, daß sie,
entgegen den Gerüchten,
leer sei.
Engel sollen damals an allen Ecken
gesehn worden sein, besonders von
Blinden.

Die Lokalpresse schrieb von der
Friedenskonferenz, von der Ankunft
dreier Minister, vom hellen Stern des
Explorer, vom überraschenden Anstieg der
Börsenkurse, vom zukünftigen Heil durch
Raketen, von den Hirten und ihrem
Tariflohn, von der Geburt eines
unehelichen Kindes.

Die Revolte im Gefängnis wurde
niedergeschlagen. Die Aufrührer,
peinlich befragt, erklärten, sie
hätten die vom Engel verkündete Amnestie
wörtlich genommen.

Man probt die Sirenen. Man rechnet
mit einem neuen Überfall der
himmlischen Heerscharen.

Die Mutter säugte den Sohn.
Sie hörte Klirren.
Sie dachte: Speere.
Sie dachte: der Wind.
Dachte: so grausam
kann Gott nicht sein.

Die Kinderschlächter sind endlich
vor Gericht gestellt. Sie gaben an,
auf allerhöchsten Befehl
gehandelt zu haben.
Antrag: man höre den
Allerhöchsten.

Einer der Hirten kam nicht zur Krippe.
Er wollte die Schafe nicht allein lassen.
Als die andern heimkehrten, glaubte er
nichts, er hatte den Wolf abgewehrt.

Die Zählung geht weiter. Längst
sind die Mörder gezählt, die
Planer, die Ausführer, die Mitläufer,
keiner gezählt, der sagt: Ich bin schuld.

Inschrift auf dem kürzlich eingeweihten
Gedenkstein: Welch ein Gott, dessen
Rettung erkauft werden muß durch
getötete Kinder.

Als der Krieg kam, wurden drei Hirten
Soldat. Sie gedachten des Engels und
sagten: Friede auf Erden.
Der erste verlor ein Bein,
der zweite bekam das Ritterkreuz.
Der dritte wurde am Pfahl
erschossen.

Rudolf Otto Wiemer

Der Gewinn

Sie trafen sich jedes Jahr zu Weihnachten.
Sie waren drei, und wenn überhaupt etwas an ihnen auffallend
war, so ihre Unauffälligkeit.
Sie erschienen wie verwandt miteinander in ihren grauen Anzü-
gen, die sich nur im Muster voneinander unterschieden. Auch ihr
Haarschnitt hätte vom selben Friseur stammen können, und ihre
Gesichter mit faltigen Wangen und glanzlosen Augen machten
niemanden neugierig darauf, sie kennenzulernen. Sie selbst woll-
ten auch gar nicht bekannt sein. Es genügte ihnen, daß sie sich
kannten: Weimann, Hausen und Metzner.

»Fröhliche Weihnachten!« sagten Metzner und Hausen, wenn sie auf die Minute pünktlich bei Weimann vor der Haustür anlangten, und dann sagten sie noch mal »Fröhliche Weihnachten«, wenn Weimann die Tür öffnete.

Was sie am vierundzwanzigsten Dezember zusammentrieb, hatte nur indirekt etwas mit Weihnachten zu tun.

Das Christfest war ihnen völlig gleichgültig, auch wenn es sich im Hinblick auf das von ihnen gewählte Datum ihrer alljährlichen Zusammenkunft und wegen des Glückwunsches, den sie tauschten, anders darstellte.

Sie trafen sich zu Weihnachten, weil sie immer noch nicht entdeckt worden waren, seit vielen Jahren nicht, obwohl sie sich nicht versteckten. Sie hatten sich nicht verkleiden und ihre Identität nicht verleugnen müssen. Sie konnten bleiben, wie sie waren, niemand merkte was. Natürlich redeten sie nicht darüber, und sie wurden auch nicht danach gefragt, was damals, am vierundzwanzigsten Dezember vor so vielen Jahren, passiert war.

Sie waren alle drei daran beteiligt gewesen.

Wenn sie sich jetzt zu Weihnachten trafen, war es nur noch eine Formsache festzustellen, ob alles beim alten war.

Weimann hatte wie immer den Tisch gedeckt.

Zehn Flaschen Badener Wein standen auf dem Teewagen, ein Körbchen mit Gebäck und ein Extrateller mit Käsestückchen dekorierten die eine Hälfte des Tisches, auf der anderen lag das Kartenspiel.

Hausens Platz war gegenüber Metzner, und Weimann setzte sich nach dem Einschenken des Weines ans Tischende.

Sie redeten nicht viel miteinander. Die Regeln waren festgelegt.

Das Spiel: Sechsundsechzig.

Sie spielten um Markstücke ...

Damals hatten sie Fünzigmarkscheine eingesetzt.

Metzner war Gewinner gewesen. Neben seinem Weinglas auf dem einfachen Holztisch des Lagerbüros hatten sich die Scheine gestapelt. Metzner gewann immer, weil er Sechsundsechzig seit seiner Kindheit beherrschte.

Eigentlich war es für ihn – so oft gespielt – kein spannendes Spiel mehr. Aber damals war es spannend geworden.

Die Idee hatte Hausen gehabt.

Metzner sollte an Stelle des Geldes eine Frau als Preis gewinnen, eine von denen, für die Hausen als Lagerleiter den nächsten Morgen als letzten Morgen bestimmt hatte.

Sie waren keine Frauenhelden, Metzner, Hausen und Weimann, wie gesagt, sie waren eher unscheinbar. Metzner wollte eigentlich auch nicht; aber Hausen und Weimann ließen nicht locker.

Jetzt bekäme er seine Chance.

Als die Frau hereingebracht wurde, verlor Metzner den Mut, den er sich mit einem siebenten Glas Wein angetrunken hatte. Die Frau war nicht schön, sie war viel zu mager, kein Wunder bei der kargen Lagerkost. Sie stand da, sah die drei Männer an, stumm.

Metzner genügte es, im Spiel gewonnen zu haben, er wollte die Frau nicht und ärgerte sich über Hausen und dessen dummen Einfall.

Hausen fing gleich an zu befehlen. Er mochte es nicht, wenn man ihm nicht gehorchte.

Die Frau stand weiter stumm da, gehorchte nicht.

Wenn sie nur etwas gesagt oder getan, sich gewehrt, geschrien hätte.

Weimann grinste, als Hausen auf die Frau zuging.

Metzner machte es überhaupt keinen Spaß, jedoch die anderen bestanden darauf, daß er als Gewinner bei der Frau der Erste wäre.

Hausen war der Letzte. Entweder war er zu brutal, oder die Frau war zu schwach.

Hausen behauptete, sie wären es alle drei gewesen. In den letzten Wochen vor Weihnachten waren viele im Lager auf die eine oder andere Art ums Leben gekommen.

Aber am Heiligabend, meinte Metzner, hätte es nicht passieren dürfen.

Seitdem waren viele Heiligabende vergangen.

Metzner, Hausen und Weimann waren von der alten Staatsordnung in eine neue übergewechselt. Ihre anfänglichen Befürchtungen, wegen dieses Vorfalls oder anderer, die im Lager geschehen waren, zur Rechenschaft gezogen zu werden, erwiesen sich als unbegründet.

»Noch eine Flasche?« fragte Weimann, als Metzner zum drittenmal seine Trümpfe ausspielte und schon wieder am Gewinnen war.

»Einmal im Jahr können wir uns was gönnen«, sagte Hausen und hielt Weimann sein Glas hin.

Margret Steenfatt

Warum ich als Nichtchrist Weihnachten feiere

Ich bin ratlos

Weihnachten? Ein heruntergekommenes Fest. Ich weiß nicht, wie ich mit ihm klarkommen soll. Ich weiß nur: So, wie es heutigentags in unseren Breiten gefeiert wird – so ganz und gar kommerzialisiert, so gezeichnet von Lieb- und Wunschlosigkeit, so verkrustet in Konventionen und vorgetäuschter Besinnlichkeit – kann ich es nicht mehr mitfeiern.

Nein, ich weigere mich! Gebt euch keine Mühe, mich an die uralte Tradition, an die trauliche Stimmung im Familienkreis, an die leuchtenden Kinderaugen zu erinnern. Ich zweifle ja gar nicht daran, daß es ein ergreifendes Fest gewesen sein muß, das Julfest, als man in grauer Vorzeit, in der man nie sicher sein konnte, ob man den Winter überleben würde, die Halbzeit der grausamen Jahreszeit feierte: Gott sei Dank, das Schlimmste haben wir hinter uns, die Tage werden wieder länger! Und auch für die Christen längst vergangener Jahrhunderte mag es ein tiefes Erlebnis gewesen sein, in hell erleuchteten sakralen Räumen und bei im Alltag nie zu hörender, himmlischer Musik die Geburt Jesu zu feiern.

Aber in unserer Zeit, da die ersten Schokoladen-Nikoläuse schon Ende September in den Supermärkten auftauchen, Engelscharen besonders preisgünstige Angebote verkünden, Lichtreklamen alle christlichen Symbole mißbrauchen, Adventslieder zum Kauf verführen sollen – wo ist da noch Tradition? Weihnachten ist zu einer Art Jahresschlußverkauf geworden, zu einer Konsum-Orgie. So was gab's noch nie in der Geschichte der Menschheit. Also brauche ich auf keinerlei Tradition Rücksicht zu nehmen.

Trauliche Stimmung im Familienkreis? Da kriselt's doch unter der Oberfläche – oder, noch schlimmer: Man hat sich nichts mehr zu sagen. Und Oma versteht die Jugend nicht mehr. Zu ihrer Zeit hätte sich einer unterstehen sollen, gleich am Heiligen Abend den Baum leerzunaschen! Als sie klein war, hingen die Kringel bis zum Dreikönigsfest im Baum!

Leuchtende Kinderaugen? Bei Till und Evi leuchtet nichts. Sie haben sich nichts ersehnt, weil sie schon alles besitzen, was man in diesem Alter zu besitzen pflegt. Und sie wußten schon lange vor Weihnachten, was unter dem Baum liegen wird.

Und dem Pfarrer ist zur letzten Weihnachtspredigt auch nichts Neues mehr eingefallen.

Nein, so geht's nicht. Von Jahr zu Jahr wird's unerträglicher! Wie aber anders?

Schneiders stapfen neuerdings am Heiligen Abend mit ihren Kindern in den Wald, schmücken am Rand einer Schonung ein Bäumchen mit Kerzen und Meisenknödeln aus zerlassenem Fett und Sonnenblumenkernen, stehen eine Weile verlegen um die flakkernden Flämmchen herum, singen ein paar Weihnachtslieder, von denen die Kinder nur jeweils die erste Strophe auswendig können, und dann wandern sie wieder heim und reden sich gegenseitig ein, sie hätten ein echtes Weihnachtsfest gefeiert.

Heimbergs machen es anders: Sie kneifen. Am 23. Dezember jeden Jahres fliegen sie auf die Bahamas oder nach Rio. Dort ist es zu Weihnachten so, daß man am Strand liegen kann. Weihnachts-Verlegenheiten gibt es also nicht. Und nach Silvester, wenn bei uns die abgenadelten Weihnachtsbaum-Spitzen aus den Mülltonnen ragen, kehren die Heimbergs wieder zurück und sind stolz auf ihre Cleverness.

Schallmeyers haben ein Dutzend Asylbewerber am Heiligen Abend um ihren Weihnachtsbaum versammelt. Die Äthiopier und

Pakistanis sollen aber nur stumm und mit hochgezogenen Schultern herumgesessen haben, und nach dem Essen seien sie nicht mehr zu halten gewesen.

Meine Freundin Karola hatte im vergangenen Jahr eine ähnliche Idee: Mit einem Weihnachtsbäumchen im Blumentopf und zwei Festmenüs in Warmhaltepackungen erschien sie – es sollte eine Überraschung sein! – bei einer alleinstehenden Fünfundachtzigjährigen, die zwei Stockwerke unter ihr wohnt. In diesem Jahr will sie nicht mehr hingehen. Das sei ihr zu strapaziös, sagt sie, und außerdem habe ihre Aktion nicht bewirkt, was sie habe bewirken sollen: Freude bringen. Im Gegenteil: Die alte Dame sei in Tränen ausgebrochen und habe den ganzen Abend abwechselnd geweint und von ihren drei gefallenen Söhnen erzählt.

Ach ja, wohin ich unter meinen Bekannten und Verwandten auch schaue, überall stoße ich auf Verlegenheit, Verdrängungen und verzweifelte Versuche.

Opa Waldner erzählt seinen Kindern und Enkeln zu jedem Weihnachtsfest, von Jahr zu Jahr dringlicher, seine Geschichten aus dem Nachkriegselend, als sie sich zu Weihnachten gegenseitig mit aufgesammelten Kippen beschenkt und vor Freude geweint hätten über ein Care-Paket von Onkel Gustl aus Amerika. Ja, meint er, eine Notzeit muß her, wenn Weihnachten wieder schön sein soll!

Und was macht unser Nachbar Lovis, der alte Junggeselle? Er legt sich am Nachmittag des 24. Dezember nach ein paar kräftigen Schlucken aus der Flasche ins Bett und wacht erst um die Mittagszeit des 25. wieder auf. Abgehakt, erledigt.

Nein, es reizt mich nicht, irgendeine dieser Praktiken nachzuahmen. Ich bleibe ratlos. Im vergangenen Jahr versuchte ich's mal ohne Weihnachtsbaum. Aber an dem liegt es nicht. Auch nicht an den Geschenken. Innerhalb unserer Familie schenken wir uns schon seit Jahren nichts mehr zu Weihnachten, sondern nur noch während des Jahres, wenn irgendwo ein Wunsch deutlich wird oder sich eine Schenk-Gelegenheit aus einem Mangel oder einem spontanen Freudemachenwollen ergibt. Dieses Schenk-System hat sich bewährt.

Aber damit ist das Dilemma des Weihnachtsfest-Feierns ja keineswegs behoben. Die Ratlosigkeit bleibt.

Weihnachten einfach ignorieren? So tun, als wäre da nichts?

Wenn nur diese Botschaft nicht wäre, der Kern des Festes. Verkrustet und überwuchert vom Kommerz – aber es gibt sie, die frohe Botschaft: *Jesus ist geboren.*

Und da ist sie auch schon, die beunruhigende Forderung: Jesus, der Maßstab, an dem ich mein eigenes Leben orientieren soll, ich, ein Willensschwächling, ein von archaischen Trieben und Instinkten gesteuertes Wesen, ein halbes Tier, ein Nichts.

Nein, ich schaffe die Nachfolge nie! Ich besitze. Und ich werde nie so hoch über den materiellen Dingen stehen, daß ich imstande bin, meinen gesamten Besitz wegzuschenken!

Ich habe Aggressionen. Ich werde nie ein ganz und gar friedlicher Mensch sein!

Ich bin Egoist. Nie, nie werde ich meine Nächsten so lieben können wie mich selbst – wo ich doch schon Schwierigkeiten damit habe, mich selbst zu lieben!

Aber ohne diese utopischen Forderungen, ja Herausforderungen – wie wäre dann unser Leben? Ein Nebelmeer ohne Horizont, ohne Wegweiser, ohne Hoffnung.

So aber ist da ein Licht. Meinetwegen, nennt es *Stern von Betlehem*! Ich werde es jedenfalls nie erreichen. Es wird immer, wo ich auch bin, aus unendlicher Ferne blinken. Aber ich kann darauf zugehen.

Deshalb werde ich weiter Weihnachten feiern. Wie? Das weiß ich noch nicht. Ich lasse es auf mich zukommen.

Gudrun Pausewang

Warum ich als Nichtchrist Weihnachten feiere

Sie haben mir die Frage gestellt, ob und – wenn ja – wie und
warum ich als Nichtchrist das Weihnachtsfest feiere. Nun – ich
und meine Familie, wir feiern es. Und zwar so, wie dieses Fest
wahrscheinlich nicht sehr viel anders auch von der überwiegen-
den Zahl der christlichen Familien begangen wird. Wir haben
einen Weihnachtsbaum, wir singen Weihnachtslieder, wir hören
die Weihnachtsgeschichte, und die Geschenke für meinen Sohn
und meine Tochter brachte, als beide noch in dem entsprechen-
den Alter waren, das Christkind. Die Kinder wurden auch durchaus nicht daran gehindert, in die nahegelegene Kirche zu gehen,
und sie wurden weder bei dieser Gelegenheit noch überhaupt
»atheistisch unterwiesen« und in aufklärerische Skrupel gestürzt.
Nun haben Sie mich aber gewiß nicht deshalb gebeten, auf die
oben zitierte Frage zu antworten, weil Sie vermuten, daß ich am
Abend des 24. Dezember Aphorismen von Friedrich Nietzsche
zur Verlesung bringe oder den 25. Dezember als Tag des *Sol In-
victus* feiere, sondern weil Sie wissen wollen, was sich ein »Un-
gläubiger«, der keinen Anlaß sieht, seinen »Unglauben« zu verbergen, dabei denkt, wenn er die Geschichte von dem Kind in
der Krippe und den Hirten auf dem Felde für sich in Anspruch
nimmt. Ist es womöglich gar nicht so weit her mit seiner Forderung nach »Konsequenz« und »Redlichkeit«? Oder gehört er vielleicht zu jenen Ungläubigen, die es nur nicht wahrhaben wollen,
daß sie gläubig und auf den christlichen Glauben angewiesen sind?
Damit wir uns also nicht von vornherein mißverstehen: Ich be-
daure die am Ende unheilvolle Inkonsequenz jener Zeitgenos-
sen, die sich ihrer Un- und Andersgläubigkeit wohlbewußt, den-
noch zu träge sind, ihren Kirchenaustritt zu erklären. Aber ich
bin zugleich auch entschiedener Gegner eines Nonkonformismus,
der mich dazu zwingen will, mit der Kultur, in die ich hineinge-
boren und hineingewachsen bin, zu brechen, damit irgendeinem
rigoristischen Prinzip Genüge getan wird.

Der Mensch bedarf, um menschlich unter Menschen zu leben, des Einbezogenseins in gemeinsam übernommene Vorstellungs- und Verhaltensweisen. Jeder Versuch, die Zukunft vorwegzunehmen und eine radikale und totale »Entscheidung« herbeizuführen, zerstört das vielädrige und empfindliche Gewebe der zwischenmenschlichen Beziehungen. Ein humaner Verlauf der gesellschaftlichen Entwicklung ist nur gewährleistet, wenn der Fortschritt nicht als eine Folge von revolutionären Zerreißproben, sondern als ein äußerst komplexer, progressive, konservative und regressive Tendenzen zugleich enthaltender evolutionärer Prozeß verstanden wird.

Die »Redlichkeit« des Nichtchristen in einer noch weithin von christlichen Konventionen zusammengehaltenen Welt besteht zunächst in der Bemühung, sich über Art und Inhalt seiner von der herrschenden Meinung abweichenden Anschauung Klarheit zu verschaffen. Sie besteht sodann in der Verpflichtung, sich zu dieser Anschauung zu bekennen; und sie besteht schließlich in der Inanspruchnahme des Rechtes auf Selbstbestimmung, das die Demokratie allen Gesinnungsgruppen garantiert.

Gerade die pluralistische Gesellschaft muß nun aber auch, um nicht auseinanderzufallen, durch alle Lebensbereiche hindurch für den Bestand einer optimalen Summe von allgemeinverbindlichen Prinzipien und Gewohnheiten sorgen. Es versteht sich von selbst, daß eine Vielzahl dieser Prinzipien und Gewohnheiten in unserer Hemisphäre christlichen Charakter tragen. Aber auch bei diesen handelt es sich teilweise um vorchristliche Kulturelemente, die mit einem christlichen Akzent versehen wurden, oder um nach- und außerchristliche Anschauungen, die in die Bilder und Begriffe der christlichen Heilslehrer eindringen können, indem sie deren Inhalt wenn nicht »entchristlichen«, so doch ent-dogmatisieren.

In all diesen Fällen besteht für den Nichtchristen keinerlei Veranlassung, sich in eine antireligiöse Position zu begeben (oder drängen zu lassen). Sittliche und soziale Konventionen, deren Inhalt alle Gruppen anerkennen, müssen nicht deshalb schon Notbehelf und fauler Kompromiß sein, weil ihre geschichtlich bedingte Ausprägung mit dem Namen nur einer Gruppe verbunden ist. Auch der Sinn der Weihnachtsgeschichte liegt (um auf den Knaben Horus, den Gott Mithra und ähnliche Kronzeugen zu verzichten) diesseits der Grenze, von der ab das Christentum für Nichtchristen unannehmbar wird.

Die Erzählung von der Geburt des Christkindes ist die Geschichte einer Verheißung, die der Geburt jedes Kindes innewohnt. Es ist die Geschichte des Staunens, das uns immer wieder ergreift, wenn wir den Menschen im Stande der Unschuld sehen. Und es ist die Geschichte der mit jedem »Menschensohn« aufs neue erwachenden Hoffnung, daß er der Begnadete und Erwählte ist, der alle Rätsel lösen und von allen Leiden erlösen wird.

Jesus ist weder der erste noch der letzte Heiland gewesen. Aber es ist seine Botschaft, die in den Ländern des Westens seit nunmehr fast zweitausend Jahren verkündet wird. Vom Kaiser Augustus, von Maria und Josef und den himmlischen Heerscharen wurde uns erzählt, bevor wir lesen und schreiben konnten. Und da nicht nur die Kinder Bilder und Gleichnisse nötig haben, um gewisser Wahrheiten ansichtig zu werden: welchen Sinn soll es haben, gerade auf jene Bilder und Gleichnisse zu verzichten, die uns am vertrautesten sind?

Was wir nicht annehmen können und nicht annehmen müssen (und was auch – soweit ich sehe – in der Weihnachtsgläubigkeit eines großen Teils der Christen keine Rolle spielt), ist das Dogma von der buchstäblich zu verstehenden Gottessohnschaft des Nazareners. Wenn dieser Glaube wirklich die unabdingbare Voraussetzung des Weihnachtsverständnisses wäre, würde das Fest der Geburt Christi nicht das Weihnachtsfest, sondern ein kirchlicher Feiertag unter anderen kirchlichen Feiertagen sein. Es wäre nicht das Fest des Friedens und der Versöhnung, sondern eine Kundgebung der »Gläubigen« gegen die »Ungläubigen«. Die Weihnachtszeit hat ihren universalen Zauber nur entfalten können, weil es den Theologen nicht gelungen ist, daraus eine Prinzipienfrage zu machen.

Ich weiß (und ich begreife), daß dies für den rechtgläubigen Christen ein Ärgernis ist. Aber ich möchte nun meinerseits mit einer Frage schließen: Was wäre gewonnen, wenn Leben und Zeugnis des Mannes aus Nazareth der Verehrung, dem Verständnis und der Zuneigung der Nicht-Christen für immer entzogen werden könnten?

Es wäre nicht nur nichts gewonnen, sondern viel verloren.

Gerhard Szczesny

Um wieviel ärmer wären wir

Fürchte dich nicht

Die herrschenden können die schrift an der wand
nicht mehr übersehen
die beherrschten kehren sich ab vom kopfnicken
die waffenhändler wagen nicht mehr
über die am boden liegenden zu steigen
die bischöfe geben die schlüpfrigen reden auf
und sagen nein
die freunde jesu blockieren die straßen des overkill
die schulkinder erfahren die wahrheit

Woran sollen wir einen engel erkennen
außer daß er mut macht wo angst war
freude wo nicht mal mehr trauer wuchs
einspruch wo sachzwang herrschte
abrüstung wo terror glaubwürdig drohte

Fürchte dich nicht der widerstand wächst

Dorothee Sölle

Entgegnung

Es ist unwahr,
daß uns der Flitter genügt,
die Flasche unterm Baum
und das Lächeln der Nachbarin.

Unwahr ist,
daß wir die Herzen
mit Schallplatten stillen
und Grüßen per Drucksache.

Unrichtig ist ferner,
daß wir die eisernen Masken
nicht abnehmen am großen
Heiligen Abend der Erde.

Es ist auch unwahr,
daß wir den Hunger nicht kennen,
weil wir wählerisch sind
und satt übers Maß.

Es ist wahr,
daß wir ehrlich die Hand ausstrecken
in die Weite der Nacht,
die Hand des Bruders zu fassen.

Und es ist wahr,
daß wir sie nicht erreichen,
weil eine Nacht nicht genügt,
eine einzige Nacht unter Nächten.

Eduard C. Heinisch

Kassiber

früher
war es so einfach
mit krippe und lichtern
und verschlossenen türen
da schwammen die Augen
und gute Gefühle
waren eine sichere Straße

jetzt
sind sie älter
und sagen: laß das theater

seitdem
schreibt er mit
anonymen lettern
als hätte er angst
als könnten sie den schreiber
dingfest machen
auf herausgerissene zettel
des abgelaufenen kalenders
diesen Satz

gott ist mensch
geworden

wenn alle schlafen
steht er heimlich auf
und heftet ihn
mit verrosteten reißnägeln
an die schlafzimmertüren
auch an seine

Kurtmartin Magiera

Ein Schuh

Don Martino war ein so friedlicher und mit dem Leben versöhnter Mensch, daß er die Katzen um das Vorrecht des Schnurrens beneidete; denn weil die Menschen immer unzufrieden sind, hat es ihnen der liebe Gott mit gutem Grund vorenthalten. Mager und spärlich, mit einem Wickelkindgesicht, war er kahl wie ein Schuhabsatz, und dieser haarlose Schädel erschien sozusagen als das Bildnis einer märchenhaften Freigebigkeit. »Ob er auch die Haare den Armen geschenkt hat?« fragten die Gläubigen und zeigten sich gegenseitig die Glatze ihres Pfarrers.

Don Martino besaß wirklich nichts anderes als seinen Priesterrock, sein Brevier und das Wörtchen Ja. Der einzige Kummer dieses immer zufriedenen Herzens war der Klatsch der Leute über seine Angelegenheiten und daß sie in ihm eine Art von seltenem Vogel sahen; denn so viel List er auch darauf verwandte, sich nicht sehen zu lassen, den Betschwestern und -brüdern des Dorfs, wahren Sakristeispitzeln, gelang es immer, seine menschenfreundlichen Streiche herauszufinden und auszuposaunen.

»Ich gebe niemand nichts«, erklärte er ärgerlich und krümmte sich unter den Lobsprüchen. »Die Armen sind die einzige Bank, der ich vertraue und bei der ich meine Schätze hinterlege. Ihr könnt euch darauf verlassen, daß dabei ordentliche Zinsen herausspringen. Geschäft ist Geschäft.«

Mit dem Altarkelch fing es an: Er verkaufte den goldenen und kaufte einen aus Kirschholz. (»Hölzerner Kelch – goldener Priester.« Wie hatte ihm dieses Sprüchlein seines alten Seminarlehrers gefallen!) Dann vierzig Jahre voll lustiger Streitereien mit Marietta, seiner Schwester und Haushälterin, die sich bald gezwungen gesehen hatte, im Vorplatz zu schlafen, vor der Eingangstür, weil Don Martino nachts das Haus ausraubte, Töpfe, Teller, Matratzen und allen anderen Überfluß davonschleppte, mit dem seiner Meinung nach die Pfarre vollgestopft war. Außer seiner Schwester brachte Don Martino auch alle Wohltäter zur Verzweiflung, denn es gelang ihnen nie, ihm in irgend etwas wohl-zutun. Dieser absonderliche Priester glich einer schrägen Röhre, und alles, was man ihm in die Tasche steckte, rutschte, ehe man Amen sagen konnte, in die Taschen der anderen – was den heiligen Zorn der Geber erweckte. Ein schönes lebendiges Schweinchen, das man dem Pfarrer anläßlich einer Taufe geschenkt hatte, war eine Stunde später im Hut eines blinden Bettlers wiedererkannt worden, der es mit verlegenem Staunen streichelte. »Was hat das schon für einen Sinn, für ihn Kuchen zu backen?« klagte die Äbtissin der Kanonissen am Klostertor der Marietta. »Wissen Sie, die Torten in Form von Baumstümpfen mit der Rinde aus Schokolade, die aussieht, als sei sie echt, und den Pilzen aus Marzipan, an denen unsere Schwestern zwei Tage lang arbeiteten? Heute früh ist er dagewesen, um unsere Beichten zu hören, und wir haben ihm eine zu seinem morgigen Geburtstag geschenkt. Keine zehn Minuten waren vergangen, und Schwester Veronika begegnet Giacomino, dem Dorftrottel, der sie wie Brot herunterschlingt!« – »Was soll ich Ihnen antworten, Mutter? Gestern ist die Baronin gekommen und hat sich darüber beklagt, weil er, wenn sie ihn zum Essen einladen, mitten unter diesen adligen Herrschaften ganze Hühnerstücke in die Taschen stopft. Und ich muß dann jedesmal ein neues Futter in seinen Rock nähen!«

An jenem Morgen war Weihnachten und Don Martino damit beschäftigt, die letzte Hand an eine Krippe aus Brotkrumen zu legen. Er hatte sie aus lauter Zeitungs- und Brotresten zusammengebastelt und versuchte nun, auf dem Boden kniend, einen Dudelsackpfeifer, dessen eines Bein sich zerkrümelte, davon zu überzeugen, er müsse geradestehen.

»Zum Kuckuck, wo hast du dies Bein verloren?« – »In einem Mühlrad«, hörte der Priester hinter seinem Rücken antworten und drehte sich blitzschnell um.

Der Einbeinige schaute Don Martino voll tiefen Staunens an: Sahen die Heiligen auch mit dem Rücken?

Don Martino seinerseits betrachtete den Einbeinigen überaus verlegen, als ob er selbst der Eindringling und jener hier zu Hause wäre. So verharrten sie schweigend, jener wie gekreuzigt auf seinen schmierigen Krücken, dieser vor ihm kniend, als ob er ihn anbete. Das war der große, der königliche Bettler mit geröteten Augen wie vom Weinen, während das Weinen doch ein Vorrecht der Reichen ist, mit der verdorrten Hand eines zitternden Vogels, wenn er sie bettelnd ausstreckte. Don Martino ärgerte sich in diesem Augenblick maßlos über das zweite Bein, das Mutter Natur ihm angehängt hatte. Er konnte sich darum nicht entschließen, aufzustehen, hielt das Bein hartnäckig versteckt. Es schneite. Die Luft war voll von Harmoniumtönen, die sich von sehr fernen Sängerkanzeln gegenseitig riefen gleich in mystischen Hürden bähenden Herden; aus den Rauchfängen über den geschwungenen Dorfdächern hauchten die Puter ihre lorbeerduftenden Seelen aus – zum Himmel. Als er diesen Menschen an einem so schönen Tag so unglücklich dastehen sah, kam Don Martino der Gedanke, daß der beneidenswerteste Teil dieses Mannes eben jenes Bein sei, das ihm ins Paradies vorausgegangen war, um dort die Freuden zu genießen, die Christus seinen Armen vorbehält. Natürlich sprach er diesen Gedanken nicht aus. Als er endlich aufgestanden war, sagte er nur: »Gesegnete Weihnachten, mein Sohn! Was kann ich dir geben?«

Der Bettler sah ihn so fest an, daß er seinen Blick fesselte, dem seinen zu folgen zwang, von Lumpen zu Lumpen, von Norden nach Süden, sein einziges Bein abwärts bis zu seinem altertümlichen Schuh, aus dem fünf Zehen herausschauten, und diese Zehen ließ er trommeln wie die Hämmerchen eines Klaviers.

»Allerdings«, sagte Don Martino und drückte sich in einer kurzen Verlegenheit die Nase mit dem Zeigefinger platt, »heute bin ich zum Mittagessen beim Bischof.« Dann, als ob er ein überaus schwieriges Rechenexempel im Kopf gelöst hätte: »Vortrefflich!« Er begann den linken Schuh aufzunesteln. Wobei sein Gast nicht ohne Staunen bemerkte, daß der Pfarrer in diesem Dorf keine Strümpfe trug.

Nachdem er dem Bettler den Schuh mit eigenen Händen angezogen hatte, stellte er sich genau ihm gegenüber und erhob einen drohenden Zeigefinger: »Keine Geschichten! Du hast gesehen, daß ich Wunder tue, alles sehe und höre. Wenn du irgendwem sagst, was zwischen uns vorgefallen ist, jage ich sieben Teufel in Hundegestalt hinter dir her.«

Als er allein war, öffnete Don Martino das Fenster und rief: »Don Rinaldo!«

Don Rinaldo war der Vikar, ein beflissener, allemal auf Beliebtheit erpichter junger Geistlicher, blitzsauber wie ein Hermelin und voll von Unternehmungen auf tausend Gebieten, wie's nur die von der Schüchternheit Bekehrten sein können. In diesem Augenblick saß er rittlings auf einem Stuhl mit zerrupftem Strohsitz, bereitete den Theaterverein des Oratoriums auf die morgige Aufführung des Trauerspiels »Wie die Lilien« vor und erschien mit dem Bühnenbuch in der Hand, sowie einem schiefsitzenden Birett auf dem Kopf.

»Komm einen Augenblick herauf«, rief ihm der Pfarrer zu, »mit der Stola!«

»Gelobt sei Jesus Christus«, sagte Don Rinaldo, als er rot und heiß von der Kunstübung vor dem Angesicht des Pfarrers stand.

»Ich muß beichten«, erklärte Don Martino mit zwei hinterhältigen Äuglein. Er kniete schon neben dem einzigen Stuhl des Zimmers. Und als sich der junge Priester anschickte, seines Amtes zu walten, zog er unter der Soutane einen nackten und rosigen Fuß hervor, zeigte ihn dem Beichtvater, als ob er ihn gestohlen hätte, und zuckte mit den Schultern wie einer, der sagen möchte: »Ich hab's getan, mein Herz, und nun schlag mir ruhig den Kopf ab!«

»Was meinen Sie damit?« rief der Vikar erstaunt aus.

»Ich meine, daß es in diesem Pfarrhaus zwei Priester mit vier Beinen, aber nur drei Schuhen gibt.«

In Don Rinaldos Hirn wurde es plötzlich hell: »Der Einbeinige, der vorhin hinausging?«

»Der Herr belohne ihn für seine Genügsamkeit! Aber ich alter Ungenügsamer habe zu meinem Unglück zwei Beine und muß mit beiden zum Mittagessen beim Bischof anmarschieren.«

Don Martino lachte, ungewöhnlich erheitert, mit seinem faltigen Wickelkindgesicht unter dem breiten und verdutzten Gesicht eines Hilfsgeistlichen, der ihm in nichts zu helfen wußte.

»Aber warum«, fragte jener, »haben Sie mir das in der Beichte sagen wollen?«

»So wird niemand je erfahren, warum du mir deinen linken Schuh geliehen hast. Soll doch deine rechte Hand nicht wissen, was ... und der Fuß auch, das ist folgerichtig, obwohl das der Evangelist aus Gründen der Stilschönheit nicht hinzufügte.«

»Aber ich«, stotterte Don Rinaldo, »ich habe nur daheim Schuhe zum Auswechseln, drei Meilen von hier.«

»Und ich habe nicht einmal daheim Schuhe zum Auswechseln.«

»Meinen Sie, daß ich bis zu Ihrer Rückkehr im Pfarrhaus auf Sie warten muß?«

»Mein Sohn, wenn sie dich im Seminar schustern gelehrt haben, um so besser. Wenn nicht, werden sie dich jenes Aschenbrödel unter den priesterlichen Übungen gelehrt haben, das man fromme Betrachtungen oder Meditationen nennt. Desolatione desolata est terra quia nemo est qui recogitet corde ... Sputen wir uns, denn Seine Exzellenz wartet! Sputen wir uns mit dem Schuh und mit der Lossprechung ...«

Und während der Beichtiger über Don Martino die Lossprechungsworte sprach, entnestelte ihm dieser, zu seinen Füßen kniend, heiteren Gemüts einen Schuh.

Don Rinaldo verfolgte vom Fenster aus den Pfarrer mit seinen Blicken, wie er mit seinen zwei allzu ungleichen Schuhen unter den weißen Schneeflocken auf den Bahnhof zu hüpfte. Er entließ die Bengel des Theatervereins, die im Hof herumtollten, sich prügelten und mit Schneebällen warfen, nachdem er den Vernünftigsten unter ihnen damit beauftragt hatte, in seine Wohnung zu gehen, um dort auszurichten, man möge ihn nicht zum Mittagessen erwarten. Dann drehte er den Schlüssel in der Tür um und begann, im Zimmer vor dem kalten Kamin und auf dem eisigen Ziegelfußboden herumzuhumpeln.

Was tun? Das Brevier hatte er schon gebetet und war dazu besonders früh aufgestanden, weil an dem Tage ein Haufen Geschäfte auf ihn warteten: die Vorbereitungen für den Vortrag eines eingeborenen Prälaten über das Land Uganda, ein Besuch bei jenem Wohltäter, der die silbernen Leuchter für den Altar so gut wie sicher als ein Weihnachtsgeschenk versprochen hatte, die Lotterie »Heilige Kindheit«, die Hauptprobe des Theatervereins ... An all das dachte er nun, dieser Armselige, indem er alle hundert Schritt die Uhr aus der Soutane hervorkramte; und mit dem weniger priesterlichen Teil seines Wesens dachte er auch an die dampfende Pute auf dem Tisch seiner Mutter.

»Diese Heiligen«, prustete er, »ach, diese Heiligen!«

Die Glocken läuteten den Angelus und schlugen die Verleumdungsteufelchen in die Flucht, die in Don Rinaldos Brust zum Sprunge Anlauf nahmen; ihr Klang erinnerte ihn daran, daß wir an diesem Tag lieb sein sollten wie Lämmchen. Der Vikar entblößte sein Haupt, bekreuzigte sich und spürte Weihnachten wie einen Wohlgeschmack auf seiner Zunge, ein wunderbares Summen hinter seinen Schläfen, ein Unschuldsklingeling in seinem Herzen.

»Jesuskindchen«, betete er mit halbgeschlossenen Augen, »schenk du mir einen Schuh!«

Da fiel mit hartem Aufschlag ein Schuh aus dem Rauchfang des Kamins auf den kupfernen Rost und sprang von dort vor seine Füße. Es war ein schöner linker Schuh aus schwarzem Kalbsleder, ein richtiger Schuh mit Sohle, Absatz und Band. Don Rinaldo fühlte sich erstarren und wäre vielleicht ohnmächtig geworden, wenn, um das Wunder noch verwickelter zu machen, vor seinen schreckensbleichen Blicken nicht ein zweiter Schuh eingetroffen wäre, dann ein dritter, ein vierter, ein fünfter und noch andere, die aus dem Kamin herunterregneten, wie, wenn es stürmte, die Kastanien von den Bäumen. Da wurde Don Rinaldo, weil er nicht mehr wußte, ob er's mit unserem Herrn zu tun hatte oder mit dessen Gegenteil, von einer wilden Furcht ergriffen, riß das Fenster auf und schrie um Hilfe.

Im Dorf hatte sich die Nachricht wie ein Lauffeuer verbreitet: »Der Herr Pfarrer hat nur einen Schuh!« Vor den Türen der Häuser klingelten die Gevatterinnen zusammen und rupften sich gegenseitig die Worte aus dem Mund, wie's die Hühner mit den Würmern tun.

»Was hat er denn mit dem anderen angefangen?«

»Er hat ihn einem einbeinigen Bettler geschenkt.«

»Wer hat euch das erzählt?«

»Ich habe die Marietta gesehen, wie sie vor dem Einbeinigen weinte.«

»Weinte?«

»Sie sagt, daß ihr Bruder nur dieses eine Paar hat.«

»Und heute ist er mit einem nackten Fuß zum Mittagessen beim Bischof gegangen.«

»Sie ging ruhig über den Marktplatz, um mit ihrer Nichte Weihnachten zu feiern.«

»Sie hielt die Blicke gesenkt. Was sieht sie da vor sich auf dem Boden?«

»Den Schuh ihres Bruders.«

»Am Bein eines andern.«

»Sie putzt sie jeden Morgen.«

»Ja, wir Hausfrauen erkennen auch ein Haar unseres Besens.«

»Zuerst wollte es der Bettler nicht zugeben.«

»Es scheint, daß ihm Don Martino mit der Hölle gedroht hat, wenn er das Geheimnis verrät.«

»Hundsgestaltige Teufel!«

»O was für ein heiliger Mann!«

»Heiliger Mann!«

So geschah es, daß der Vikar, als er auf den Hof hinausschaute, dort sehr viel mehr Menschen sah, als er erwartet hatte, und alle damit beschäftigt, dieses Wunder zu tun.

Auf einer an das Dach des Pfarrhauses angelehnten Leiter stiegen wie auf der des Erzvaters Jakob in Mäntel eingemummte Engel auf und nieder. Sie hatten rote Ohren, einen unbeschuhten Fuß und einen Schuh in der Hand. Bauern mit vogelförmigen Schnurrbärten unter der Nase, bauchige Ladenbesitzer in Sonntagskleidern, würdige Herrschaften im Gehrock und sogar der Bürgermeister in Person mit Zylinder und weißen Gamaschen, die alle, nachdem sie das Weihnachtsgeschenk in den Rauchfang des Pfarrers geworfen hatten, durch den Schnee humpelten und einander zuwinkten und zuzwinkerten, überaus stolz über den Sieg, den sie da über ihren heiligen Seelenhirten davongetragen hatten.

Don Rinaldo zog sich vom Fenster zurück, denn er wollte jenen braven Leuten nicht das Vergnügen an der irrigen Vorstellung rauben, das Pfarrhaus sei menschenleer. Er betrachtete diesen kleinen Schuhhaufen im Zimmer, wie er langsam anwuchs, und dachte, daß ihm nun nur noch die Qual der Wahl blieb. Aber nach gründlichem Nachdenken kam er zu dem Schluß, daß, da so viel achtbare Leute in diesem Aufzug herumgingen, nicht die geringste Gefahr bestand, sich lächerlich zu machen, wenn man sich mit einem einzigen Schuh auf der Straße zeigte.

Und verstohlen schlüpfte er zum Gartentürchen hinaus.

Luigi Santucci (übersetzt von Eckart Peterich)

Bänkellied zu Weihnachten

Wir woll'n, meine Damen und Herren,
wieder mal Weihnachten feiern.
Wir wollen Parolen nicht plärren,
nicht Liedlein leiern.
Nach Betlehem wollen wir gehen.

Wir wollen den Frieden beschließen,
Frieden mit allen und jedem.
Wir wollen aufhören zu schießen,
wir wollen reden.
Nach Betlehem wollen wir gehen.

Wir wollen nicht Ansprachen halten,
nicht flöten himmlische Weisen.
Wir wollen, die sitzen im Kalten,
wärmen und speisen.
Nach Betlehem wollen wir gehen.

Wir wollen nicht hassen, nicht jammern,
nicht klingeln lassen die Kassen.
Woll'n treten in dunkle Kammern,
in dunkle Gassen.
Nach Betlehem wollen wir gehen.

Wir woll'n bittre Mienen nicht machen,
nicht schrein: Laßt uns ungeschoren.
Woll'n leise es sagen mit Lachen:
Christ ist geboren.
Nach Betlehem wollen wir gehen.

Woll'n stehn bei den Hirten und Herden
in allen Zonen und Ländern.
Denn seit Gott einkehrte auf Erden,
kann unsere Welt sich ändern.
Nach Betlehem wollen wir gehen.

Rudolf Otto Wiemer

Signal

Der Herr,
der sich offenbart
im Kleinsten
wie in den Galaxien,
den unermeßlichen,
gab ein Signal
in die Nacht:
Die Geburt seines Boten.

Um wieviel ärmer
wäre die Welt
ohne die Weihnacht,
ohne die Botschaft,
die frohe,
und ohne die Hoffnung,
die Menschen bewegt
seit Jahrtausenden.

Richard Münch

Quellenverzeichnis

S. 12: *advent.* Aus: Arnim Juhre (Hg.), Die Stimme der Weihnachtsnacht. © Lutherisches Verlagshaus, Hamburg 1978.

S. 13ff.: *Brief eines Mandarin des 10. Jahrhunderts aus dem heutigen weihnachtlichen München.* Aus: Herbert Rosendorfer, Briefe in die chinesische Vergangenheit. © by nymphenburger in der F.A. Herbig Verlagsbuchhandlung GmbH, München 1983.

S. 17ff.: *Himmlische Nothilfe.* Aus: Kurt Tucholsky, Gesammelte Werke. © Rowohlt Verlag GmbH, Reinbek 1960.

S. 20: *Mitten im kalten Winter.* © Uwe Timm, Berlin.

S. 21: *Großstadt-Weihnachten.* Aus: Kurt Tucholsky, Gesammelte Werke. © Rowohlt Verlag GmbH, Reinbek 1960.

S. 22ff.: *Die Bescherung.* Aus: Hanns Dieter Hüsch, Du kommst auch drin vor. © Kindler Verlag, München 1990.

S. 26ff.: *Aufklärung über Weihnachten.* © Klaus von Mering, Langeoog.

S. 32: *Heiliger Abend.* © Susanne Kilian, Eltville.

S. 34ff.: *Feiertage.* Aus: Hanns Dieter Hüsch, Du kommst auch drin vor. © Kindler Verlag, München 1990.

S. 36: *Christkind.* © Adolf Holl, Wien.

S. 40ff.: *Travniceks Weihnachtseinkäufe.* Aus: Helmut Qualtinger. Werkausgabe. Hrsg. v. Traugott Krischke, Bd. 3, »Travniceks gesammelte Werke« und andere Texte für die Bühne. © Franz Deuticke Verlagsgesellschaft mbH, Wien 1996, S. 15 – 18.

S. 44: *Kommt Frieden auf den Glockenschlag?* © Luzie Krolow, Darmstadt.

S. 45f.: *Notizen beim Schreiben der Weihnachtspredigt.* Aus: Rudolf Otto Wiemer, Bethlehem ist überall (GTB 321). © Gütersloher Verlagshaus, Gütersloh 1979.

S. 47: *Bekümmertes Weihnachtslied.* Aus: Lothar Zenetti, Die wunderbare Zeitvermehrung. 5. Auflage. © Erich Wewel Verlag, Donauwörth.

S. 48: *Weihnacht.* © Günter Kunert, Kaisborstel.

S. 50: *Dem Revolutionär Jesus zum Geburtstag.* Aus: Erich Kästner, Ein Mann gibt Auskunft. © Atrium Verlag, Zürich und Thomas Kästner.

S. 51f.: *Einsiedlers Heiliger Abend.* Aus: Joachim Ringelnatz, Das Gesamtwerk in sieben Bänden, © Diogenes Verlag AG, Zürich 1994.

S. 53: *Weihnachtslied, chemisch gereinigt.* Aus: Erich Kästner, Herz auf Taille. © Atrium Verlag, Zürich und Thomas Kästner.

S. 54: *Alle Jahre wieder.* © Agnes Hüfner, Düsseldorf.

S. 54ff.: *Weihnachten der Obdachlosen.* (Original ohne Titel). Aus: Brigitte Wolf (Hg.), Ohne Stern, Weihnachten der Außenseiter. © Burckhardthaus-Laetare Verlag, Offenbach/Main 1981.

S. 60ff.: *Moritat vom Stadtstreicher Rackebrand.* © Rudolf Otto Wiemer Erben, Hildesheim.

S. 63f.: *An der Stalltür.* © Josef Reding, Dortmund.

S. 65: *Weihnacht.* Aus: Friedrich Dürrenmatt, Aus den Papieren eines Wärters. © Diogenes Verlag AG, Zürich 1986.

S. 66ff.: *Nachrichten aus Betlehem.* Aus: Wortwechsel. © Wolfgang Fietkau Verlag, Kleinmachnow.

S. 68ff.: *Der Gewinn.* © Margret Steenfatt, Hamburg.

S. 72ff.: *Ich bin ratlos.* © Gudrun Pausewang, Schlitz.

S. 76ff.: *Warum ich als Nichtchrist Weihnachten feiere.* © Gerhard Szczesny, Grünwald.

S. 80: *Fürchte Dich nicht.* Aus: Spiel doch von Brot und Rosen. © Wolfgang Fietkau Verlag, Kleinmachnow.

S. 82: *Kassiber.* © Ingeborg Magiera, Essen.

S. 92: *Bänkellied zu Weihnachten.* Aus: Rudolf Otto Wiemer, Bethlehem ist überall. (GTB 321). © Gütersloher Verlagshaus, Gütersloh 1979.

Bildnachweis

S. 11, 46: *Oswald Huber,*

S. 25: *Dagmar Geisler,*

S. 33: *Henry Büttner,*

S.79: *Wilfried Gebhard,*

S. 83: *Heinz Ortner,* © Baaske Cartoons, München

S. 31: *Jules Stauber,* © Löwensteiner Cartoon-Service, Tuttlingen

S. 52: © Gerhard Mester, Wiesbaden

S. 71: © Luis Murschetz, München